未来へ伝えたい
日本の伝統料理

春の料理

監修 小泉武夫　著者 後藤真樹

小峰書店

もくじ

みんな、くいしんぼうになれ!

小泉武夫 東京農業大学名誉教授

この本でまず目にとびこむのは、とってもおいしそうな料理の写真。思わず食べたい、作ってみたいと思いませんか?

この本では、日本各地に伝わる郷土料理を、まず目で味わい、そして作り方もわかり、その料理がどのようにして生まれたのかを、昔の人たちの知恵《ちえ》や歴史からも知ることができます。

みんなが住んでいるこの日本には、今も地域《ちいき》に根ざしたすばらしい料理が残っています。どこへ行っても味わえる、カレーやハンバーグではなく、私《わたし》たちと同じ民族がつくったすばらしい伝統《でんとう》食を、たまには家の人たちといっしょに味わうのも大切な体験なのです。

とにかく、この本を読んで、みんなくいしんぼうになりましょう。食べたいと思った料理を作って味わいましょう。そこから、これまでと違《ちが》った食べものとの出合いがあり、そして「食べること」の意味や大切さがわかります。

はじめに

この本は、日本各地の郷土《きょうど》料理を、実際《じっさい》に地元の方々に作っていただいたものを紹介《しょうかい》した本です。全国各地に食べ続けられてきた郷土料理は山ほどあります。できればもっと多くの郷土料理を紹介《しょうかい》したかったのですが、今回紹介できたのはそのほんの一部です。この本を手にとってくれたあなたの地域《ちいき》の郷土料理は出ているでしょうか? 出ていなくてもがっかりしたり、おいしくないのかなと思ったりしないでください。今回は選定からもれただけで、次回はきっとあなたの町の自慢《じまん》の料理を取材させてもらおうと思っています。

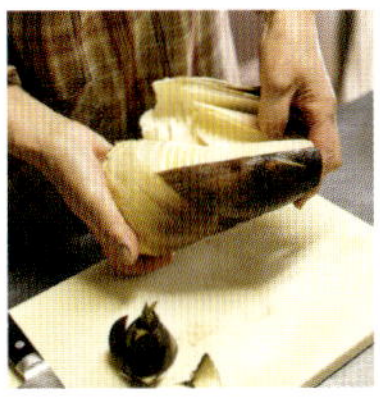

取材するに際して、この本を読んだみなさんが、その料理を作ることができるように調理方法も教えてもらいました。郷土料理はその地域の家庭で作られてきた家庭の料理です。味つけにはだいたいの共通《きょうつう》性《せい》もありますが、本の中で紹介している調味料の分量は、取材した方の家庭の味つけです。なかには、その地区の方々が集まって、味の統《とう》一《いつ》を図り、郷土料理の味を標準化《ひょうじゅんか》している地域もありました。また逆《ぎゃく》に、いっさい調味料を計らずに、さじ加減《かげん》と味見だけで味つけをした方もいました。どちらにしても、昔から伝わる味そのものではありません。いま手に入る食材や調味料を使った現在《げんざい》の味の料理だといえます。

自分で作ってみたいと思う料理があったら、味つけはなるべく自分の好みの味をめざして、味見をしながら作ってみてください。くりかえしますが、郷土料理は家庭料理です。あなたの作った料理がおいしくできて、くりかえしあなたの家で作るようになれば、「○○県○○風のわが家の自慢の家庭料理」となるわけです。せっかく各地の郷土料理を手本にして、みなさんの家庭の料理を作るのですから、できれば海外から輸入《ゆにゅう》される食材よりも日本で作られる食材を、それも現地から、そしてあなたの地元で生産されている食材があれば、可能《かのう》なかぎりそれを使って作ってもらえればと思います。そうすれば、お客様にごちそうするときも「地元の素材《そざい》を使って」と自慢もできます。昔はあたり前のことだったのですが、現在では、地元の食材が食べられるということは、最高のぜいたくのひとつですものね。

料理はけっしてむずかしいものではありません（料理人になろうと思ったら大変ですけど）。コツがわかれば簡単《かんたん》にできます（しょっちゅう作っていればわかります）。そして楽しいものです（これは絶対《ぜったい》そうです）。一日三回、八十年生きるとして、わたしたちは８７６００回の食事をします。そして食べなければ、健康に成長できず、生きるエネルギーも得られません。みなさんが楽しい食事をとることができますように、心から願っています。

春のめぐみ、山菜

山菜とは、昔から食用にされてきた、山野に自生する植物のこと。冬の間眠《ねむ》っていた草木の、春に芽吹《めぶ》くやわらかい新芽などを食べます。山菜料理はほろ苦いものが多いのですが、この苦みが春になって活動的になる人間の体を目覚《めざ》めさせると、昔からいわれてきました。

ふだんわたしたちが食べている野菜にも、もともと苦みのあったものが多いのですが、それを食べやすいように改良をしてきたのです。それにくらべて、自生する山菜はまさに自然そのもの。苦みの元のアクがあります。サラダのように生のまま食べるのは野菜にまかせて、山菜はじょうずに料理をして食べましょう。日本の各地で食べ続けられてきた、たくさんの山菜料理があります。ぜひ機会があれば味わってほしいと思います。

■わらびとり

山菜にはたくさんの種類があるが、なかでもわらびは比較的《ひかくてき》身近な山にあって、とりやすい。

みず

たらの芽

こしあぶら

赤こごみ

ぼうな

※危険《きけん》な動物がいたり、足場が悪かったりして、なれない人が山に入ることは危険です。また、山には持ち主がいますので、勝手に入山してはいけません。

■山のめぐみを大切に守る

土の中からひょっこり芽を出すわらびやこごみはシダの仲間、うど、あかざ、みずなどは草の仲間、たらの芽（写真左）、こしあぶら（写真右）は木の仲間と、山菜といってもいろいろだ。どれも、春になって芽吹《めぶ》いた新芽や若《わか》い茎《くき》を食べる。でも、とても大切なのは、必ず１本か２本はとらずに残しておくこと。そうしないと、翌年《よくねん》に芽が出なくなってしまうからだ。山里の人たちは春が深まるたびに次々と出てくる山菜を楽しみにしながらも、こうやって、自然のめぐみを大切に守っている。

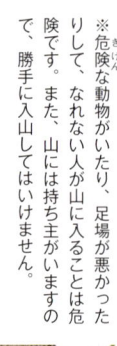

■5月10日、山形県戸沢村《とざわむら》での収穫《しゅうかく》

上段《じょうだん》の左から、たらの芽、こしあぶら、あけびの芽、うるい、しどけ。下段の左から、ぜんまい、ぼうな、じゅうなこ、あざみ、山うど、わらび、みず(茎《くき》)、あいこ。ここ戸沢村の山で、こんなにたくさんの種類の山菜がとれた。それぞれに味わいが異《こと》なる。おもにおひたしや、天ぷらにして食べられることが多い。

■わらびの一本漬《づ》け

山菜料理をいろいろと教えてくれた早坂《はやさか》さんの自慢《じまん》料理。アクぬきしたわらびを、だしじょう油に一日漬けただけ。地元では1本の長いまま、豪快《ごうかい》に食べるそうだ。(わらびのアクぬきについては58ページ参照)

あかざ

じゅうなこ

うるい

こごみ

■山菜料理いろいろ

1 じゅうなこのごま和《あ》え。ゆでた山菜を、味つけしたすりごまで和える。じゅうなこには、ごまが合うという早坂《はやさか》さん。

2 こごみのごま和え。こごみは、山菜のなかでもアクが少なくて食べやすいものだ。ごま和えのほか、くるみ和えやおひたしでもおいしい。

3 あかざの切り和え。あかざは、野原に生える雑草《ざっそう》だと思っていた。これはくるみやみそと切り和えにしたもの。

4 うるいと鯖缶《さばかん》の煮物《にもの》。鯖の水煮缶《みずにかん》とうるいをしょう油で煮《に》る。意外なおいしさ。

＊和え物については56ページ参照。

山菜の天ぷら

自然のめぐみの山菜をおいしく食べる料理方法です。

山菜料理の代表のひとつ、天ぷら。とりたての山菜をさっと水で洗《あら》って汚《よご》れをとり、水気をきって衣《ころも》をつけ、油で揚《あ》げる。山菜は油との相性《あいしょう》のいいものが多い。油で揚げることで苦みがほどよくぬけ、香《かお》り高い山菜の風味が増《ま》す。しどけのような薄《うす》い葉っぱはパリッとした歯ざわりが楽しめるし、たらの芽のようなボリュームのあるものはほっこりとして甘《あま》みがきわだつ。ふきのとうのような独特《どくとく》の強い香りもやわらぎ、風味よく食べることができる。氷を入れ、ざっくりと混《ま》ぜた衣をつけて、パリッと揚げるのがコツ。山菜の天ぷらは、天つゆで食べるのもいいが、ここは塩をつけて食べてみてほしい。山菜の香りと味がよくわかり、より楽しむことができるから。

山うど　たらの芽　こしあぶら

上の写真右上から左回りに、こしあぶら、たらの芽、山うど。手前がしどけ。

しどけ

あいこ

■山菜のおひたし

山菜料理のもう一つの代表、おひたし。さっとゆでて水気をしぼって切るだけ。しょう油やかつお節《ぶし》など、好きなもので味つけして。サラダみたいにマヨネーズでもいい。クセもなく食べやすいものから、ちょっと独特《どくとく》の香《かお》りのあるものなど、それぞれの山菜の風味が味わえる食べ方だ。（おひたしの作り方は58ページ参照）

豪雪《ごうせつ》地帯の戸沢村角川《とざわむらつのかわ》地区

山に囲まれた角川は、僻地《へきち》であったことも幸いし、今なお豊《ゆた》かな自然にめぐまれた地域《ちいき》です。その分、昔は不便なことも多かったといいます。たとえば病気をしても、かかる医者がいない無医村の村だったそうです。助け合いながら生活をする地域の人たちは、自ら保険《ほけん》組合を作り、それが、国民健康保険の発《はっ》祥《しょう》の地といわれるようになりました。その精《せい》神《しん》は今なお残っています。早くから、地域の自然や暮《く》らしぶり、文化を子どもたちに伝える自然環境《かんきょう》学校を開設《かいせつ》したりしています。

食べ続けてきた山菜

この地域では、昔は食料を蓄《たくわ》え、雪深い冬を乗り切ってきました。そして春、畑の作物が実るまでは、芽ぶいた山菜を野菜がわりに食べてきたそうです。山菜は、昔は大切な食料だったのです。もちろん今は食べ物に不自由することはありません。それでも、そういう経験のある人しかわからない思いがあるのだと、話を聞いて感じました。地域の若《わか》いお母さんたちも、新しい山菜料理の開発に余念《よねん》がありません。

ところで、都会で生活をする人たちの間で、山菜とりが密《ひそ》かなブームになっています。ここでも、勝手に山に入り、山菜を根こそぎとっていく身勝手な人が増《ふ》えているそうです。山のめぐみはそこに住む人たちのものだと思います。

ぜんまいの煮物《にもの》

ぜんまいは、干《ほ》すことで風味が増《ま》しておいしくなるし、一年中食べられる保存食《ほぞんしょく》にもなる。昔は山里の大切な食料だった。（作り方は58ページ参照）

■干《ほ》して食べるぜんまい

山菜の中でもぜんまいはちょっと特別だ。とってきてそのまま天ぷらやおひたしでは食べられない。干したもの（写真左下）を料理する。ぜんまいはかなりアクが強いからだ。干しぜんまいにするには、まずゆでてから天日《てんぴ》で干すのだが、一日に何回ももまなくてはならない（写真右）。もむことで繊維《せんい》がほぐれてやわらかくなるのだそうだ。

— 取材地 —
山形県　戸沢村

どんころ煮《に》

香《かお》り高い山の幸の山うどと、海の幸の身欠きにしんで作る山里の料理です。

どんころ煮とは、ころころと輪切りにした山うどが丸太に似《に》ているところからついた名らしいが、いかにも林業の村にふさわしい。山からとってくる山うどと、海の魚にしんを煮《に》つけた料理。もちろん、にしんは身欠きにしん。保存《ほぞん》が効《き》くので昔から山里でも食べられてきた。にしんがないときは、ちくわや油揚《あぶらあ》げなど、味の出るものなら何でもいい。コトコトやわらかくなるまで煮《に》る。山うどの香《かお》りが穏《おだ》やかになって、すごく食べやすい。うどの苦手な人でもおいしく食べられる料理だ。山菜料理の中でもボリュームがあり、よく作られるという。たしかに食べてみると、山菜を食べたというより野菜を食べているような気がする。身欠きにしんの味がしみた一品だ。

料理の手順

山うどと白うど

「うどの大木」という言葉を知っているでしょうか？　多年草のうどは、生長すると二〜三メートルにもなりますが、もちろん木ではなく、草の仲間です。春に出た若い茎《くき》を採《さい》取《しゅ》し、食用とします。

最近は都会のスーパーでも見かけるようになった山うどですが、この鮮《あざ》やかな色合いとは対照的な真っ白のうどのほうが、なじみのある人もいると思います。じつは同じうどなのですが、白うどは人の手によって日のあたらない地下で育てられた栽培《さいばい》ものです。日があたらないので白くなり、アクも少なく、皮もやわらかくて落ち着いた香《かお》りになります。

うどを食べる

白うどは比較的《ひかくてき》アクも少なく、薄《うす》く切ってさっと酢水《すみず》にさらして、生のまま酢みそなどをつけて食べるとおいしいものです。自然の中で育った山うどは、アクは強いのですが、香りも強いので好きな人にはたまらないものです。もちろん山うども生で酢みそ和《あ》えで食べられます。また、葉や穂先《ほさき》は天ぷらにして食べるのもおすすめです。茎の部分は、ぜひ、どんころ煮《に》にして食べてみてください。

山菜はいずれも、植物の生命力に満ちあふれた若芽《わかめ》をいただくのですから、なんとも体によさそうです。ぜひ、おいしく料理をして、味わいたいものです。

材料と作り方

山うど…2〜3本　身欠きにしん…1本　だしの素《もと》…少々
みりん…大さじ1　しょう油…大さじ3

1 山うどを食べやすい大きさに切って鍋《なべ》に入れ、ひたひたになるぐらいの水を加えて、火にかける。
2 沸騰《ふっとう》したら、だしの素、しょう油、みりんで味を調《ととの》えて5分ぐらい煮《に》る。
3 身欠きにしんを切って加え､味がしみるまで弱火で煮る。

＊身欠きにしんは、にしんを干《ほ》したもの。ソフト、八分干《はちぶぼし》、本乾《ほんかん》などの種類がある。ソフトを使うとすぐできるが、本乾（固く干《ほ》したもの）はもどして使う。
＊身欠きにしんのもどし方は59ページ参照。

ほかの食べ方

■うどの酢《す》みそ和《あ》え

山うどの茎《くき》の部分の皮をむいて、酢水にさらして酢みそで食べる。山うどの豊《ゆた》かな香《かお》りと歯ざわりが楽しめる春ならではの一品。

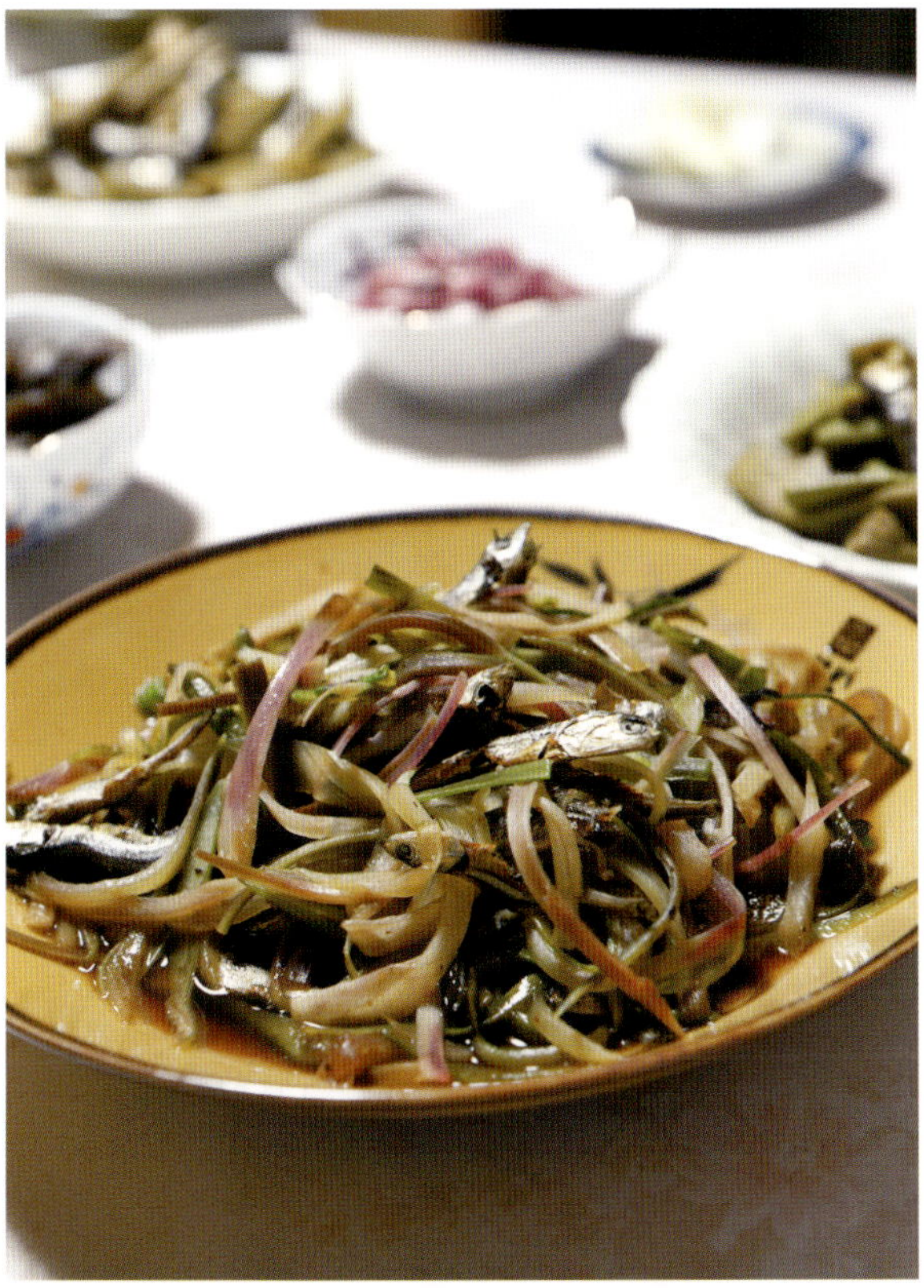

■うどの皮のきんぴら

うどの皮もおいしいので捨《す》てずに食べよう。さっと炒《いた》めて味つけするだけ。簡単《かんたん》でごはんに合う料理だ。戸沢村《とざわむら》の早坂《はやさか》さんもすすめていたが、ここで紹介《しょうかい》するのは山形県から遠い高知県で作ってもらったもの。日本中どこにいっても山菜は春の料理として愛されている。

〈作り方〉

1 うどの皮をだいたい同じぐらいの太さに切る。
2 フライパンにサラダ油を熱してうどの皮を炒める。
3 しょう油、砂糖《さとう》少々で味つけする。
＊いりこをいっしょに炒めるとうま味が加わる。
＊うどの皮は炒めすぎないように。

— 取材地 —
高知県　西土佐《にしとさ》
（四万十市《しまんとし》）

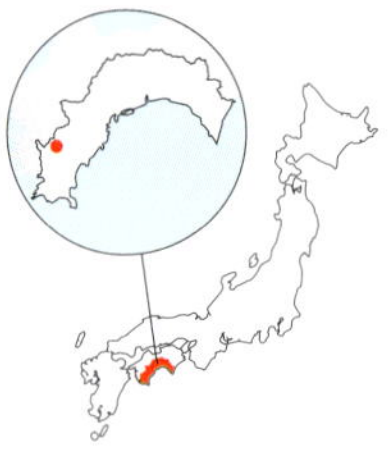

いたどりの炒《いた》め煮《に》

いたどりの酸味《さんみ》をぬいてさっと炒めた、かりっとした歯ざわりの料理です。

高知県の人は山野に自生しているいたどりが大好き。そのままかじればすっぱくて、まるで駄菓子《だがし》のような楽しさ。そんないたどりの春先の若《わか》い茎《くき》をいっぱい集めて、おいしい料理を作ってもらった。大きないりこを香《かお》りが出るまで油で炒《いた》めてから、酸《さん》をぬいたいたどりを炒める。砂糖《さとう》としょう油で味を決めたら、数分でポンポンという音がしてくる。温まったいたどりの節《ふし》が破裂《はれつ》する音だ。これでできあがり。しばらく置いて味をなじませる。いたどりは煮《に》すぎるとぐずぐずになる。カリカリッと仕上げるのがコツなのだそうだ。はじめて食べたいたどりの煮物《にもの》だが、なつかしいような味がしてなんとも不思議なおいしさだった。

料理の手順

■いたどり
家の近くや裏山《うらやま》にもいたどりが生えている。いたどりは夏には、人の背丈《せたけ》以上に大きく育つので、春の山ではその枯《か》れ枝《えだ》を目印に探《さが》す。

■皮をむいてから
いたどりは、皮をむいてから酸《さん》をぬく。塩でもんで一晩《ひとばん》おいたものを、そのまま冷凍保存《れいとうほぞん》してもよい。磐隈《いわくま》さんは、一年中いたどりを食べられるように、たくさんとって冷凍《れいとう》しておく。

いたどり

「となりの愛媛《えひめ》県へバス旅行をしたとき、あっちこっちにイタンポ（いたどりの方言）が生えているのを見つけて、あわててバスを止めてもらって、みんなでイタンポとり。あれやね、乗客はみんな高知県人だったから」。となりの愛媛では、いたどりを食べる習慣《しゅうかん》はなく、ただの雑草《ざっそう》なのだそうです。

いたどりをとるときは、必ず一本を残しておきます。そうすれば、また翌年《よくねん》もりっぱな新しい芽を出します。とったいたどりは、冷《れい》凍《とう》したり塩漬《しおづ》けにしたりして保存《ほぞん》し、一年中食べているそうです。

いたどりにはシュウ酸《さん》という酸がたくさんふくまれています。料理をする前に熱い湯をかけてこの酸をぬきます。きれいに酸がぬけていないと料理中にぐずぐずに溶《と》けてしまい、味もすっぱくて食べられないのだそうです。

帰郷《ききょう》した磐隈《いわくま》さん

都会で生活をしていた磐隈さんですが、数年前にお姉さんのいるなつかしいふるさとに帰ってこられました。ここには自然があります。畑を作り、春は山で山菜とり、秋はきのこをとります。川ではえびなどがとれるし、山では鹿《しか》が網《あみ》にかかります。生き生きと自分の生活を楽しみながら、今では姉妹で、都会の人たちを迎《むか》えて田舎暮《いなかぐ》らしを体験してもらう活動をしています。

ほかの山菜料理

■くさぎなの炒《いた》め煮《に》（上）と山ぶきの煮物（左）
高知県は山菜の出る時期がほかよりも少し早い。まだ3月の末なのに、テーブルにはさまざまな山菜料理がならんだ。くさぎなや淡竹《はちく》の炒め煮、山ぶきの煮物、山うどの酢《す》みそ和《あ》え、山うどの皮のきんぴら、ぜんまいの煮物など。

材料と作り方

いたどり　いりこ　砂糖《さとう》　しょう油
サラダ油（各適宜《かくてきぎ》）

1 いたどりは皮をむいて塩でもみ、熱湯をかける。ピンク色にそまった湯を捨てて、新しい水に一晩《ひとばん》つけて、ピンクの色が出なくなるまで酸《さん》をぬく。
2 鍋《なべ》に少量のサラダ油を温めて、いりこを炒《いた》める。
3 いりこの香《かお》りがしてきたら、いたどりを入れて炒める。このときにふたはしないで、手早く炒める。
4 砂糖、しょう油で味つけをする。ポンポンと音がしたら火からおろす。
火からおろして冷ましている間に箸《はし》で混《ま》ぜると味がしみる。

— 取材地 —
山形県　米沢《よねざわ》市

うこぎの切《き》り和《あ》え

米沢《よねざわ》ではうこぎで垣根《かきね》を作ります。その若芽《わかめ》とみそを包丁《ほうちょう》でたたいて作る料理です。

米沢《よねざわ》では江戸《えど》時代からうこぎで垣根《かきね》を作る。枝《えだ》が密生《みっせい》し、とげのあるうこぎは泥《どろ》棒《ぼう》よけにもぴったり。春に芽ぶくやわらかな新芽は、季節の移《うつ》り変《か》わりも感じさせてくれる。それだけではなく、食べることができるのだ。

昔の米沢では、垣根をはさんで両隣《りょうどなり》の家のお母さんが話をしながら朝食用に新芽を摘《つ》む、井戸《いど》端《ばた》会議ならぬ〝垣端《かきばた》〟会議がしばしば。家に垣根のないお母さんが、通りに面した新芽を摘ませてもらって仲間入り。そんな風景があちこちで見られたという。そんなうこぎだが、食べてみるとほろ苦くておいしい。みそを焼いてうこぎの切《き》り和《あ》えにすれば、食べるのが目的でうこぎを垣根に仕立てたとしか思えない。実際《じっさい》、体によいこともわかり、最近は苗木《なえぎ》が売られ、食用にも栽培《さいばい》している。新緑の生命を体にとり入れる、そんな感じのする料理だ。

料理の手順

■うこぎの垣根《かきね》

武家屋敷《ぶけやしき》とうこぎの垣根が今も米沢《よねざわ》市に残っている。石組みを組んで垣根を作るのが米沢の伝統《でんとう》。うこぎは中国原産のヒメウコギ。うこぎは中国では五加皮《ウーカーピー》（ごかひ）といい、万病に効《き》く薬用植物として今でも重宝《ちょうほう》されている。

上杉鷹山公《うえすぎようざんこう》
（1751 ~ 1822 年）

■うこぎの新梢《しんしょう》

4 月ごろに出てくる新芽や、10 cm ほどに伸《の》びた 6 月ごろの新梢を摘《つ》んで食べる。新梢の独特《どくとく》のほろ苦さが切りあえにはぴったりだと「うこぎの会」会長の金子《かねこ》さん。

奨励《しょうれい》されたうこぎの垣根《かきね》

米沢《よねざわ》のうこぎの垣根には歴史があります。江戸《えど》時代屈指《くっし》の名君《めいくん》といわれ、いまでも米沢の人々に慕《した》われる上杉鷹山《うえすぎようざん》。鷹山公によってうこぎの垣根が奨励されました。多額《たがく》の借金で藩《はん》の財政《ざいせい》も立ちゆかなくなりつつあった米沢藩は、農村もたいへんに疲弊《ひへい》していました。藩主になった鷹山公は、武士たちに帰農《きのう》を奨励し、作物の栽培《さいばい》に力をつくし、また身分を問わない学問の奨励などを行い、藩の再興《さいこう》の礎《いしずえ》をつくったといえます。

当時は天明《てんめい》の大飢饉《だいききん》とよばれ、作物も実りが悪く、東北地方一帯を中心に多くの餓死者《がししゃ》が出た時期でもありました。鷹山公は非常食の蓄《たくわ》えをすすめ、倹約《けんやく》を奨励し、自《みずか》らも粥《かゆ》をすすったといわれています。うこぎの垣根は非常食として奨励されたものだったのです。

うこぎで町おこし「うこぎの会」

米沢の人にとって身近な存在《そんざい》のうこぎですが、大学の研究室の調査《ちょうさ》で、体によい食べ物であることがわかってきました。市や県も注目するようになり、うこぎの会を中心に、数を減《へ》らしつつあるうこぎの垣根の整備《せいび》が始まっています。また、食用としての栽培《さいばい》、新しい食べ方の研究なども進められ、町おこしのめ・だ・まとして注目されつつあります。鷹山公の奨励したうこぎは、平成《へいせい》の世の現在《げんざい》でも、米沢の人たちを守り続けているようです。

ほかの食べ方

■うこぎごはん

ゆでてきざんだうこぎと白ごま、塩少々を炊《た》きたてのごはんに混《ま》ぜる。作ってくれた金子《かねこ》さんは、これは色もきれいで、きどくない（ほろ苦いの方言）から、子どものときから好きだったそうだ。

■うこぎの天ぷら

生のうこぎを天ぷらに。うこぎのほろ苦さもやわらいで、サクサクとおいしい。

■うこぎのみそ漬《づ》け

ゆでたうこぎをガーゼで包んで、みそとみりんに漬けたもの。おとなの味だ。

かんたん！作ってみよう

材料と作り方

うこぎ…ボール１杯《ぱい》　みそ…大さじ3ぐらい
くるみ…少々　塩…少々

1 みそをアルミホイルにのせて、オーブントースターで少し焦《こ》げめがつくぐらいまで焼く。
2 塩少々を入れたお湯でうこぎをさっとゆでて、水にさらす。
3 ゆでたうこぎをみじん切りにする。
4 焼いたみそを包丁で切りながら混《ま》ぜる。
5 くるみも入れて包丁で切りながら混ぜ合わせる。

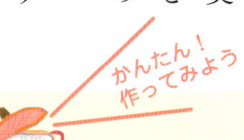

―取材地―
福島県　会津若松市《あいづわかまつ》

にしんの山椒《さんしょう》漬《づ》け

海から遠い会津《あいづ》地方の、魚の乾物《かんぶつ》のおいしい食べ方。
山椒の新芽の時期だけの味覚です。

身欠きにしんと山椒《さんしょう》の漬《つ》け物《もの》の一種といっていいだろう。身欠きにしんは、下ごしらえに手のかかる食材だと思われているが、この料理は洗《あら》って切るだけ。びっくりするほど大量の山椒の葉といっしょに漬《つ》けこむ。酢《す》の入った調味液《ちょうみえき》が、身欠きにしん独特《どくとく》の渋《しぶ》みと魚《さかな》くささを薫香《くんこう》(スモークした料理の香《かお》り)のような香《こう》ばしさに変える。

ごはんに合うのはもちろんのこと、お茶うけに、おやつに、おとなの酒のつまみにしてもおいしい。また、海から遠くはなれた会津《あいづ》の人たちの、貴重《きちょう》なタンパク質《しつ》の供給源《きょうきゅうげん》でもある。とにかく、お年寄《としよ》りから子どもまで、みんなが気にいる万《ばん》能《のう》な料理だ。雪深い冬が終わり、春の新緑の季節になると、会津の人たちは山椒の新芽を摘《つ》み、にしんの山椒漬けを作るのだそうだ。

材料と作り方

身欠きにしん(八分干《はちぶぼし》のもの)…20本
山椒《さんしょう》の葉…たくさん(おとなの両手いっぱいぐらい)
調味液《ちょうみえき》(しょう油、酢《す》、酒　各1カップ)

1 身欠きにしんはタワシでよく洗《あら》い、水気をとる。
2 にしんが入る長さの容器《ようき》に、山椒の葉とにしんを交互《こうご》に重ねていく。最後は山椒の葉でおおう。
3 調味液は一度煮《に》たたせて冷ましておく。
4 調味液を注ぎ入れ、押《お》しぶたをして重石《おもし》をのせ、4、5日から1週間ほど漬《つ》ける。

＊身欠きにしんは本乾《ほんかん》でもよいが、下処理《したしょり》が必要。59ページ参照。

■焼いてもおいしい
ちょっと火であぶると香《こう》ばしさがいっそう増《ま》して、また別の味わいになる。

■にしん鉢《ばち》◤
会津《あいづ》の家庭には必ずあったというにしん鉢。会津本郷焼《あいづほんごうやき》がほとんどで、山椒《さんしょう》漬《づ》け専用《せんよう》だ。最近はプラスチックの保《ほ》存容器《ぞんようき》などで漬ける人も増《ふ》えているそうだが、どっしりと重いこの鉢で漬けるとなぜだか味がよくなるという。写真の鉢は100年以上も使われ続けてきたもの。味わい深く仕上がるような気がしてくる。

—取材地—
群馬県《ぐんま》　前橋市《まえばし》

じり焼き

ふきのとうのほろ苦さと、
みその香《こう》ばしさを味わうおやつ。

粉食《ふんしょく》が多い群馬《ぐんま》県の中でも、ちょっと変わった粉《こな》もの料理。赤城山《あかぎさん》の麓《ふもと》の地域《ちいき》で作られる地域限定《げんてい》の料理だ。じり焼きは、ふきのとうのほか、山椒《さんしょう》の芽、青じそなど、季節の香《かお》りを楽しむ料理。生地《きじ》に混《ま》ぜこんだ地元の麦みそが香《こう》ばしさを加え、おもに農作業のおやつとして食べられてきた。冷やご飯を粉に混《ま》ぜて焼けば、よりおなかにたまるおやつになる。名前の由来は、じりじりと音がするくらい、鉄板に押《お》しつけて焼くから。だから焦《こ》げめがしっかりとついている。群馬県では「春いぶき」という早生《わせ》の品種のふきのとうを栽培《さいばい》している。春の香りのふきのとうで、じり焼きを作ってもらった。ほろ苦いふきのとうと、みその焼けた香ばしさが口の中いっぱいに広がるちょっとおとなの味。地元産の小麦のおいしさも口に広がる。ぺちゃんこに焼き上がったじり焼きは、見た目よりもどっしりとした力強さが味わえた。

やきもち

群馬県《ぐんま》には、じり焼き、やきもち、おやきなど、似《に》たようでちょっとちがう小麦粉の料理がある。やきもちは重曹《じゅうそう》が入って少しふっくらとしているもの。右の作り方に重曹《じゅうそう》を加えて押《お》さえずに焼く。

かんたん！作ってみよう

材料と作り方

小麦粉…300ｇ　みそ…大さじ3
ふきのとう…適宜《てきぎ》　水…少々

1 ふきのとうを細かくきざみ、みそとよく混《ま》ぜる。
2 小麦粉をふるいにかけ、1を加えて混ぜ合わせる。
3 固さをみながら、水を少しずつ入れる。
4 粉っぽさがなくなったら、小さく丸めて、5mmほどの厚《あつ》さに伸《の》ばし、ホットプレートや厚手のフライパンにのせる。油はひかなくてよい。
5 手のひらなどで押《お》しながら、弱火でじっくり焼く。

— 取材地 —
島根県《しまね》　匹見町《ひきみちょう》
（益田市《ますだ》）

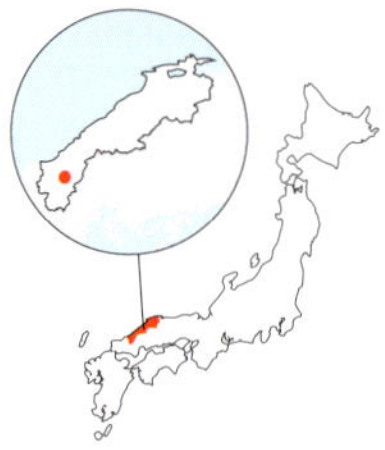

うずめめし

見た目はただの白いごはん。
なかに煮物《にもの》とわさびがうずめてあります。

かざりの葉をのせてあるだけのただの白いごはん。これが山里・匹見《ひきみ》のうずめめし。白いごはんの下には、だしで炊《た》いた肉や野菜、里芋《さといも》などがうずめてある。だからうずめめし。昔は山里らしく、ウサギや山鳥の肉をうずめていた。でも、うずめめしの本当の主役はわさび。匹見の谷はわさびの里なのだ。このわさびをサメ皮でおろし、熱いごはんの下にたっぷりうずめてある。これをひっかきまわして食べる。ごはんで温められたわさびは辛《から》みがぬけ、鼻にツンとはこない。白いごはんにはふわりとわさびの香《かお》りが移《うつ》り、匹見のわさびがもつ甘《あま》さが感じられる。

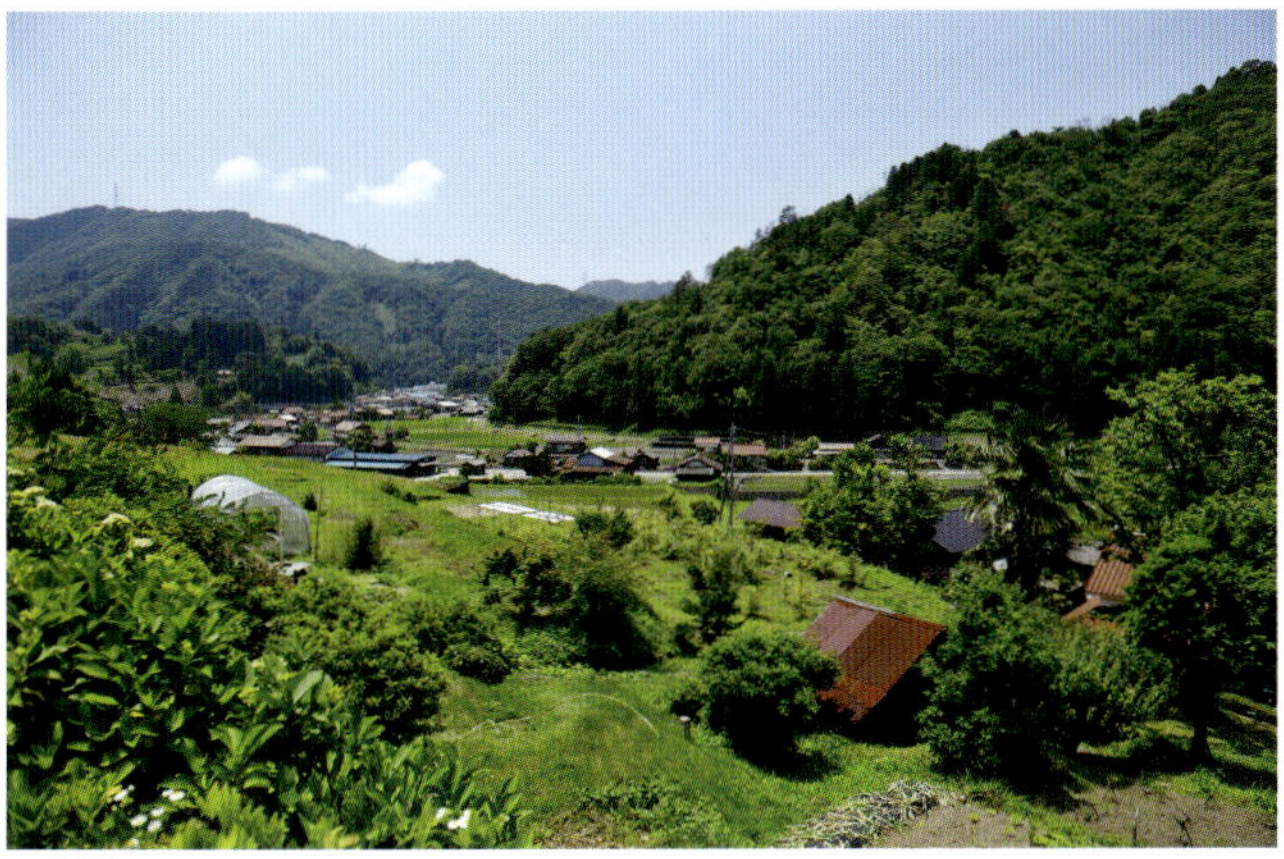

■匹見《ひきみ》の風景

ここ匹見を囲むのは、じつは標高《ひょうこう》1000 m級の山々。匹見も標高が高いので、里山にしか見えない。このあたりは日本最西端《にほんさいせいたん》の豪雪《ごうせつ》地帯として有名なところだ。たくさんの雪解《ゆきど》け水《みず》はいくつもの沢《さわ》から、水量豊《ゆた》かな匹見川となって流れている。

■谷で栽培《さいばい》するわさび

匹見《ひきみ》の谷は、わさびの栽培《さいばい》に適《てき》した土地で、江戸《えど》時代にはすでに特産として名高かった。深い谷に、段々《だんだん》に石垣《いしがき》が組まれているのがここの特徴《とくちょう》。種がこぼれてあちこちでわさびが育っていた。

わさびの種

■わさびをおろす

匹見《ひきみ》のわさびはちょっと小ぶりだが、香《かお》りが高い。サメ皮のわさびおろしで、ゆっくりと回しながらおろす。いじくされ（意地が悪いの方言）がおろすと辛《から》みが強くなる、とか。

わさびの里、匹見《ひきみ》

匹見地区には、山々が折り重なりいくつもの谷があります。そこでは昔からわさびが栽《さい》培《ばい》されてきました。谷わさびとよばれるこのわさびは、小ぶりですが良質《りょうしつ》なことで有名です。昭和《しょうわ》三十年代後半ごろは、籠一杯《かごいっぱい》のわさびで都会に住む家族が二か月生活できるくらいのお金になったといいます。

うずめめしには、いくつかのいわれがあります。お客様に出すには粗末《そまつ》ではずかしかった、逆《ぎゃく》に高価《こうか》なわさびをお客が気をつかわずに食べられるように隠《かく》した、肉食を禁《きん》じられた江戸《えど》時代に、鳥獣《ちょうじゅう》の肉を隠して食べた、など。本当のことはわからないのですが、僕《ぼく》はわさびのおいしい食べ方だからだと思います。

さんぱち豪雪《ごうせつ》

昭和三十八（一九六三）年は、さんぱち豪雪とよばれる日本各地で記録的な大雪になった年です。匹見地区もたいへんな大雪にみまわれ、たくさんの住民がふるさと匹見を出ていきました。過疎《かそ》という言葉を初めて使ったのは、当時の匹見の町長さん。これを機に生活が一気に変わったといいます。その後も人は減《へ》り続け、今は高齢者《こうれいしゃ》が大半の集落です。そんな匹見ですが、人のまとまりはよく、昔ながらに、皆《みな》で助け合いながら生活しています。きっと、清らかな水と、おいしいわさびが元気の源《みなもと》なのだろうと思いました。

■地元の人たちが運営する「萩《はぎ》の舎《や》」（下）とイノシシ肉の料理（左）

萩の舎は、集落の人たちが協力して建てた手作りの建物。自分たちで育てたブルーベリーからジャムを作ったり、なめこの佃煮《つくだに》を作ったり、手作りの料理を作ったりと、さまざまに活動している。左の写真はイノシシの肉をブルーベリーで煮《に》こんだアイデア料理。

材料と作り方

わさび　ごはん　だし汁《じる》(昆布《こんぶ》　かつお節《ぶし》)
具(鶏肉《とりにく》　厚揚《あつあ》げ　里芋《さといも》　にんじん　ごぼう　なめこ)
しょう油　塩　酒　かたくり粉(各適宜《かくてきぎ》)

1 昆布とかつお節でだしをとり、しょう油、塩、酒で味を調《ととの》え、すまし汁ぐらいの濃《こ》さの汁を作る。
2 鶏肉、厚揚げ、里芋、にんじんを1 cm角ぐらいにきざむ。ごぼうはささがきして水にさらす。
3 汁に2の具を入れて、やわらかくなるまで煮《に》る。
4 とろみが出ないときは、かたくり粉でとろみをつける。
5 茶碗《ちゃわん》に具を入れて、おろしたわさびをのせ、その上から熱々のごはんをよそう。

＊具の野菜はあるものでいい。
＊だしのとり方、すまし汁の作り方は61ページ参照。

―取材地―
三重県《みえけん》　伊賀市《いがし》

ふき俵《だわら》

とってきたそのままの姿《すがた》のふきを使って、大豆《だいず》ごはんを包んだ料理です。

ふき俵《だわら》は、ふきの葉にごはんを包みこんだ料理だ。ふきはふつう軸《じく》（葉柄《ようへい》）の部分を煮物《にもの》などにして食べるが、その長い軸もついたままで使われている。炒《い》って香《こう》ばしさを出した大豆《だいず》を混《ま》ぜて炊《た》きあげた大豆ごはんを、温かいうちにふきの葉で包んでふきの香《かお》りを移《うつ》す。大豆ごはんには、大豆で作るきな粉をたっぷりとかけて、香ばしさを倍増《ばいぞう》。大豆ときな粉でお米の自然の甘《あま》さがひきたち、おかずがいらないほど、すばらしい味わいになる。ふき俵は一年に一度、田植えの時期に作られる料理だ。田の神様にお供《そな》えし、田植えの手伝いの人にふるまうものだった。

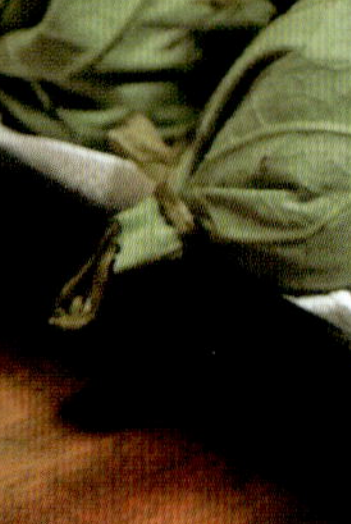

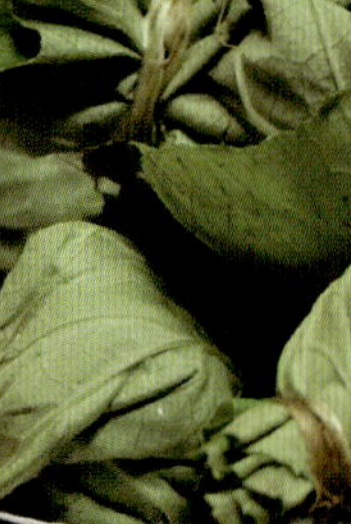

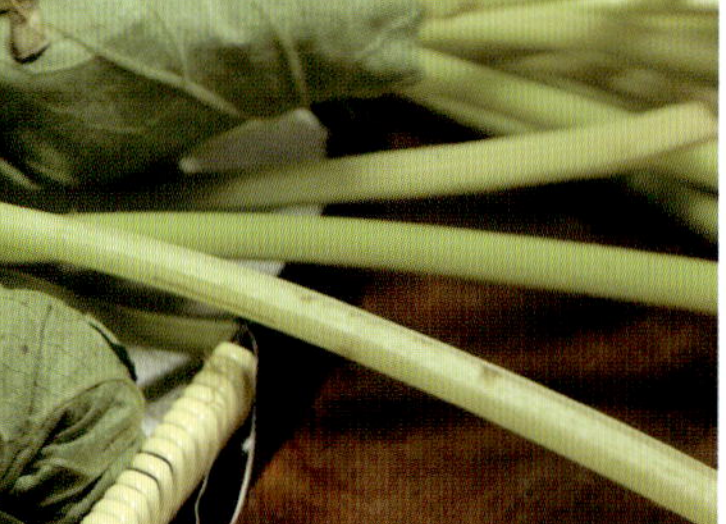

神様にお供《そな》え

家の中の神棚《かみだな》にもふき俵《だわら》を供える。

大豆《だいず》の皮をとる

大豆の皮が割《わ》れてきたらフライパンからおろし、上からぐりぐりと升《ます》を押《お》しつけると、豆がふたつに割《わ》れて皮がとれる（上）。廣島《ひろしま》さんは、箕《み》を使ってとれた皮を風で飛ばす（右）。箕というのは、籾《もみ》や殻《から》などをとりのぞいたりするときに使う農具。

お供《そな》えのための料理、ふき俵《だわら》

「昭和《しょうわ》の四十年ちょっとまではな、苗代《なわしろ》っていうところにお米の籾《もみ》をまいて、苗《なえ》を育てますのや。そいでな、苗とりといって育った苗をとって束《たば》にして、田んぼの中にぽんぽんほおっておいて、手で田植えをしましたんや。ふき俵はな、大豆《だいず》みたいに大きなお米が実りますようにと、苗とりのときにお祈《いの》りしながらお供えしたんや。それから田植えのときは手伝いの衆《しゅう》がたくさん来るやろ。そんで皆《みな》の衆《しゅう》に食べてもらったんやわ」。ふき俵を包みながら廣島《ひろしま》さんは話をしてくれました。

お供えしたのは苗代だけではありません。廣島さんの住む築《ちく》百二十年の家には仏様《ほとけさま》、土地の神様、えべす（えびす）さんに庚申《こうしん》さんなどいろいろな神様が祀《まつ》られています。そういう神様にも、器《うつわ》に入れてお供えしたのだそうです。

一年に一度のごちそう

お供えしたものは、あとで下げて家族で食べます。子どもたちにも大人気のふき俵は、一年に一度のごちそうでした。昔は、節分の豆まきの大豆をとっておいてふき俵を作ったと、明治《めいじ》生まれのお姑《しゅうとめ》さんから聞いたそうです。

田植えが機械化されると、苗の作り方も変わり、苗代で苗を育てなくなりました。もちろん手伝いの人もいりません。それとともにふき俵は作られなくなったそうです。

ふき俵《だわら》の包み方

1 ふきの葉の軸《じく》（葉柄《ようへい》の部分）の下から葉の根元にむかって筋《すじ》をむく。**2** 葉の中にごはんを入れたら、むいた筋を上へ持ち上げる。**3・4** 葉の上部でぐるりと巻き、筋の端《はし》をはさんでとめる。

材料と作り方

うるち米　もち米　大豆《だいず》（8：1：1）
塩…少々（米3合に小さじ1ぐらい）
ふきの葉

1 大豆は水で洗《あら》い、弱火で焦《こ》がさないようにフライパンで炒《い》る。
2 炒った大豆の皮をとりのぞく。（右上の写真を参照）
3 うるち米ともち米に大豆、塩ひとつまみを入れて、ごはんを炊《た》く。
4 ごはんが温かいうちに、ふきの葉に入れてきなこを少しのせる。
5 ふきの軸《じく》の筋《すじ》を使って葉を包む。

＊ごはんの炊き方は60ページを参照。

フーチバージューシー

よもぎのぞうすい。
沖縄《おきなわ》の体によい料理です。

フーチバーはよもぎ、ジューシーは炊《た》きこみごはんやぞうすいのこと。
昔から沖縄《おきなわ》では野草を食べて、その薬効《やっこう》を利用してきた。よもぎには血圧《けつあつ》を下げる効果《こうか》があるという。濃《こ》いめのかつおのだし汁《しる》で生米《なまごめ》を炊《た》く。沸騰《ふっとう》したところで一度軽く混《ま》ぜたら、そのまま弱火で三十分以上。おいしく炊くコツはさわらないことだと島仲《しまなか》さん。しょう油、塩（沖縄の海塩）、よもぎをやわらかくする効果のある油を入れてから、よもぎをひとつかみ投入。ここでかき混ぜる。油で艶《つや》が出て、見るからにおいしそう。熱々をすすれば、よもぎの香《かお》りとほろ苦さを感じ、しょう油の風味が生きていて、すごくやさしい味。島仲さんは食欲《しょくよく》がないときなども、冷やごはんがあればさっと作って食べるという。沖縄県の人が長寿《ちょうじゅ》なのもうなずける一品だ。

料理の手順

■那覇《なは》市内のかつお節《ぶし》屋

店頭にはかつお節が山のように積まれていた。地元の人は、1本買ってその場で丸ごと削《けず》ってもらう。それを冷凍庫《れいとうこ》で保存《ほぞん》して使っているそうだ。かつお節をふんだんに使う沖縄《おきなわ》の人たちにとって便利な方法だ。

■かつお節《ぶし》でだしをとる

フーチバージューシーも、かつお節のだしが基本《きほん》だ。

沖縄《おきなわ》料理とかつお節《ぶし》

驚《おどろ》いたことに、沖縄県はかつお節の消費量が全国一。フーチバージューシーもそうですが、有名な沖縄そばも、濃《こ》いかつおのだしが味の基本《きほん》になっています。沖縄の魚といえば、色とりどりの魚を想像《そうぞう》しますが、じつはかつおもたくさんとれます。ところで、沖縄で一番水揚《みずあ》げの多い魚はなんとまぐろ。意外ですね。かつお節の製造《せいぞう》も県内で行われています。昔はそれぞれの家でかつおを煮《に》て干《ほ》して、かつお節を作っていたそうです。今は鹿《か》児島《ごしま》県の枕崎《まくらざき》でも沖縄県用のかつお節を生産しているそうです。

クスイムン、体によい沖縄の食事

沖縄は四季の変化が少ない亜熱帯《あねったい》に属《ぞく》し、一年中暖《あたた》かく、特有の食材があります。古くは琉球《りゅうきゅう》王国という独立《どくりつ》した国家でした。独自《どくじ》の文化や習俗《しゅうぞく》をもち、宮廷《きゅうてい》で食べられていた琉球料理など、食についても独特の文化をもっています。交易《こうえき》が盛《さか》んだった沖縄らしく、薩摩藩《さつまはん》(現在《げんざい》の鹿児島)や中国、東南アジアの影響《えいきょう》を受けたものです。よもぎなど野草を薬として食べる習慣《しゅうかん》も、中国の「本草学」の教えを受けた医食同源《いしょくどうげん》の影響を受けた考え方で、沖縄の言葉でクスイムン(薬喰《くすりぐ》い)とよばれ、長寿《ちょうじゅ》の国の礎《いしずえ》になってきました。太平洋《たいへいよう》戦争後はアメリカの影響で食生活が変わったこともあり、残念ながら長寿をまっとうする人が減《へ》っています。

■裏庭の菜園

昔は付近の畑の畔《あぜ》など、どこにでも生えていたよもぎ。今は宅地《たくち》も増《ふ》えたために、簡単《かんたん》にとれなくなった。このよもぎ、本州のよもぎとは種類がちがい苦みが少ない。島仲《しまなか》さんは、よもぎのほか、にんにく、しょうが、にらなど、さまざまなものを育てていた。右下の葉は、長命草《ちょうめいそう》(ボタンボウフウ)。これも万病に効《き》く薬草として、沖縄《おきなわ》の食材として欠かせないもの。

かんたん！作ってみよう

材料と作り方

米…1合　よもぎ…ひとつかみ
かつおだし…7~8カップ
しょう油　サラダ油　塩

1 30分ぐらい前に、米をといでざるにあけておく。
2 かつおだしと米を鍋《なべ》に入れて、弱火で30分炊《た》く。
3 しょう油、塩で味を調《ととの》えて、サラダ油を少し入れる。
4 よもぎの葉を入れてさっと混《ま》ぜる。

＊米を入れて沸騰《ふっとう》したら一度かき混ぜる。そのあとは、最後まで混ぜたりしない。

— 取材地 —
岡山県《おかやま》　日生町《ひなせちょう》
（備前市《ひぜん》）

さわらのこうこずし

酢《す》じめのさわらと細切りのたくあん。
さわらが好きな人におすすめの混《ま》ぜずし。

「岡山県《おかやま》では、えびなど、そのときどきの材料を使って作る、ばらずしとよばれるおすしをよく食べますよ。わたしは県内の倉敷《くらしき》の出身ですが、ここ日生《ひなせ》に移《うつ》り住《す》んで、酢《す》めしにたくあんを混《ま》ぜこんだこうこずしを知って驚《おどろ》きました」と、日生漁港で料理を作っている中西《なかにし》さん。江戸《えど》時代から栄えた漁港の街《まち》、日生では、さわらのこうこずしを豊漁《ほうりょう》と漁の安全を願って食べてきた。日生に限《かぎ》らず、岡山の人はさわら好きで生を刺《さ》し身《み》で食べる。でも、こうこずしの場合は別。しっかりと酢でしめる。しめ方が弱いと、地元のおばあちゃんたちに「こうこずしにするなら、もっとよくしめないと」といわれるのだとか。酢じめのさわらを口に入れれば、きめの細かなやわらかいかみごたえで、うま味と酸味《さんみ》がじわーっと出てくる。合わせるのは甘《あま》めの酢めし。そしてソフトなかみごたえに、たくあんのパリパリの歯ごたえと、とにかく楽しい。

■日生《ひなせ》漁港

残念ながら、この日、さわらはあがっていなかったようだ。でも、瀬戸内海《せとないかい》のさまざまな魚が水揚《みずあ》げされ、せりの声も響《ひび》いていた。

■さわらは各地の漁港から岡山《おかやま》へ

岡山県は、さわらの消費量が全国一。各地の漁港で水揚《みずあ》げされたさわらは、まっすぐ岡山へ直送される。右は長崎《ながさき》県壱岐《いき》の郷ノ浦《ごうのうら》漁港、左は富山《とやま》県の氷見《ひみ》漁港にて。

さわらを食べる

さわらは包丁でさばいている最中に身が割《わ》れてしまうこともあるぐらい身がやわらかく、ふつうは、塩焼き、ゆずの香《かお》りの幽庵《ゆうあん》焼き、西京《さいきょう》みそに漬《つ》けた西京焼きなどにします。ほっくりとしたさわらの焼き物は、冷めてもおいしく食べられます。おなじ加熱調理でも、身がほろほろとくずれやすいので、煮物《にもの》にはあまり向かない魚とされています。岡山《おかやま》県ではそんなさわらを刺《さ》し身《み》で食べる習慣《しゅうかん》があります。新鮮《しんせん》であることはもちろん、ていねいに扱《あつか》われたさわらでないとできない食べ方です。たたきにして大根おろしと七味で食べるのもおすすめだそうです。

さわらの大群《たいぐん》、魚島《うおじま》

さわらの産卵《さんらん》場所が近くにある日生《ひなせ》では、六月までが旬《しゅん》とされています。六月になると卵《たまご》をもつようになり、身の味は落ちるのだそうです。昔は産卵期になると、さわらの大群《たいぐん》が沿岸《えんがん》に押《お》し寄《よ》せ、まるで小島ができたように見え、これを魚島とよんでいました。地元の人たちにとっては、大量にとれたありがたい魚だったことでしょう。一九九〇年代に瀬《せ》戸《と》内海《ないかい》でのさわらの水揚《みずあ》げは激減《げきげん》しました。現《げん》在《ざい》は、漁獲制限《ぎょかくせいげん》や稚魚《ちぎょ》の放流などの効果《こうか》があってか、少しずつさわらが増《ふ》えてきたといいます。いつかまた、県内で水揚げされたさわらが漁港にあふれかえる日が来ることと思います。

■新しいさわらずし

最近考案された、そぼろに煮《に》たさわらを使ったちらしずし。さわらが煮物に向かないなんて常識《じょうしき》は、ここの人たちには通じない。おいしいさわら料理だ。

〈そぼろの作り方〉

生のさわらを刺《さ》し身《み》ぐらいの大きさに切って、鍋《なべ》でカラカラになるまで炒《い》る。ポロポロになったら、しょう油、砂糖《さとう》、みりんを入れて味つけする。

材料と作り方

さわら(刺《さ》し身《み》用《よう》)　塩　甘酢《あまず》(酢《す》　砂糖《さとう》)
酢めし　たくあん　グリーンピース　山椒《さんしょう》の葉
(分量はいずれも適宜《てきぎ》)

1 新鮮《しんせん》なさわらを2日間、塩漬《しおづ》けする。身がくっつくので、途中《とちゅう》で何回か身が割《わ》れないように混《ま》ぜる。
2 塩漬けしたさわらを甘酢につけて3日間おく。このときもときどき混ぜる。
3 細切りにしたたくあんを酢めしに混ぜる。
4 酢じめにしたさわらを小さく切って、3に混ぜる。
5 盛《も》りつけして、酢じめのさわら、グリーンピース、山椒の葉をのせる。

＊酢めしの作り方は60ページ参照。

祝いの魚、鯛《たい》

魚体の赤い色がおめでたい色と重ねられたり、おめでたいの〝たい〟を鯛と語呂《ごろ》合《あ》わせをしたり、昔から日本では、真鯛《まだい》はめでたい魚として扱《あつか》われ、結《けっ》婚式《こんしき》などの祝いの席にはつきものとされてきました。僕《ぼく》が子どものころは、大相撲《おおずもう》の優勝力士《ゆうしょうりきし》がお祝いに大きな鯛をかかげる姿《すがた》が、新聞に大きくのっていて、あんなに大きな鯛の味はどうだろうか、と思ったものです。幸福をもたらすとされる七福神の一柱、えびす様も釣《つ》り竿《ざお》と鯛をかかえた姿であらわされます。これらが日本人のもつ鯛のイメージです。

このイメージにあやかりたい（鯛）として、鯛の種類ではない魚にも鯛の名がつけられているものが多くあります。金目鯛《きんめだい》、甘鯛《あまだい》、目鯛《めだい》、あこう鯛《だい》などおいしい魚なのですが、鯛の仲間ではありません。その数約二百種。たしかに真鯛は魚の王様です。

■桜鯛《さくらだい》

4月の福井県《ふくいけん》小浜《おばま》漁港。お腹《なか》がパンパンに張《は》った鯛は、産卵《さんらん》が近い。春の鯛は「桜鯛」とも称《しょう》されて、桜前線と同様に、産卵の時期が南から北へあがっていく。産卵前の鯛は、脂《あぶら》がのっておいしいといわれている。全国で鯛の水揚《みずあ》げは、瀬戸内海《せとないかい》や九州が多いが、どの地方でも「めでたい」鯛にはかわりがない。

―― 取材地 ――
広島県　福山《ふくやま》市

鯛《たい》めん

お祝いの席で出される「めでたい」料理。鯛《たい》のだし汁《じる》につけて食べます。

「鯛《たい》めんは、昔からお祝いの料理」と信森《のぶもり》さん。作っていると気持ちも楽しくなるのか、その姿《すがた》もうれしそうに見える。今回は工夫《くふう》して鯛が元気に見えるよう、しっぽをぴんと立てた。まわりにはそうめんを波に見立て、季節の葉や、ひょうたん形にぬいたにんじんなど、お祝いの料理だけに色どりよくはなやかに仕上げた。みなさんに姿を披露《ひろう》したあと、女性《じょせい》の年長者がとり分けるのが決まりごと。

鯛めんのおいしさは、じつは煮汁《にじる》にある。この鯛のうま味がにじみ出た煮汁をつけ汁にするのだ。つけ汁は季節にあわせて夏は冷たく、冬は温かくして食べる。みなさんの笑《え》顔《がお》がすばらしい調味料になって、さらにおいしくなった。

鞆ノ浦《とものうら》

福山《ふくやま》市郊外《こうがい》の鞆ノ浦は、瀬戸内海《せとないかい》の要所として栄えた歴史のある町。５月ごろになると、鯛《たい》が産卵《さんらん》のために鞆ノ浦の沖《おき》へやってくる。今も江戸《えど》時代の伝統《でんとう》漁法「鯛網《たいあみ》」が伝えられている。産卵を終えた鯛は「麦わら鯛」とよばれて、やや味が落ちるそうだ。

材料と作り方

＊鯛１尾で 10 人分ぐらいになる

鯛《たい》…1尾《び》　そうめん…15把《わ》ぐらい
煮汁《にじる》(水　しょう油　みりん　酒　8：2：1：1)
薄焼《うすや》き卵《たまご》　色どりの野菜　なんてんなどの飾りの葉

1 煮汁《にじる》は、煮立たせて一度冷ましておく。
2 冷めた煮汁の中に鯛《たい》を入れて火にかける。
3 火加減《ひかげん》はやや強火で、煮汁を鯛にかけ回しながら鯛に火が通るまで 12 ～ 15 分煮る。
4 そうめんをゆでて、大皿に波のように盛《も》る。
5 皿に鯛をのせる。薄焼き卵は、巻《ま》いてうず潮《しお》に見立て、野菜や葉などで色どりよく飾《かざ》りつけをする。

― 取材地 ―
愛媛県《えひめけん》　松山市《まつやまし》

松山《まつやま》の鯛《たい》めし

新鮮《しんせん》な瀬戸内海《せとないかい》の鯛《たい》を炊《た》きこんだ、野趣《やしゅ》あふれる炊《た》きこみごはん。

松山《まつやま》の鯛《たい》めしは鯛を一匹《いっぴき》炊《た》きこんだごはん。松山あたりの海は流れが速く、ここで育った魚は身がしまっておいしい。その鯛のうま味《み》となんとも上品な甘《あま》みが、飯粒《めしつぶ》ひとつひとつにしみこんでいて〝滋味深《じみぶか》い〟味わい。鯛もぱさつかずしっとりとしていて、身をほぐして現《あらわ》れた骨《ほね》でさえつやつやと輝《かがや》いていた。「炊飯器《すいはんき》の底にできるおこげがおいしいのよ」とすすめてもらう。これがまた一段《いちだん》と香《こう》ばしい。昔は特別な日（ハレ）の食べ物だったようで、お盆《ぼん》に作ることもあったというが、今ではふだんでも食べられるようになった。しかし特別な日にふさわしい、すばらしい味だった。

料理の手順

材料と作り方

米…5合　鯛《たい》…1尾《び》　酒…½カップ
薄口《うすくち》しょう油…大さじ4　だし昆布《こんぶ》

1 鯛のウロコと内臓《ないぞう》をとって水でよく洗《あら》う。
2 米の上にだし昆布をのせ、その上に鯛をのせる。しょう油、酒、水を入れて、ごはんを炊《た》く。
3 炊きあがったら鯛をとり出して、骨《ほね》をとる。
4 身をほぐしてごはんに混《ま》ぜる。

＊ごはんの炊き方は60ページ参照。

■鮮《あざ》やかな鯛《たい》

虹色《にじいろ》の輝《かがや》くようなウロコの鯛であった。この鯛を1匹《ぴき》まるごと、ウロコをとり、内臓《ないぞう》もとって米といっしょに炊《た》きこんだ。これはおいしくないはずがない。切り身では味がちがうという。「養殖《ようしょく》の鯛もいけません、脂《あぶら》ぎっていて」と料理をしてくれた坂本《さかもと》さんの言葉。

―取材地―
愛媛県《えひめけん》　宇和島市《うわじまし》

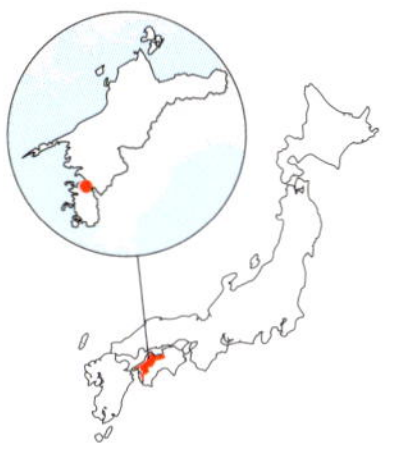

宇和島《うわじま》の鯛《たい》めし

豊後水道《ぶんごすいどう》の釣《つ》りたての鯛《たい》を刺《さ》し身《み》にして、だしと生卵《なまたまご》でいただきます。

驚《おどろ》いたのは鯛《たい》の新鮮《しんせん》さ。宇和島《うわじま》の人たちにとって鯛《たい》めしはふだんの食べ物。でも鯛《たい》を買ってまでは作らない。釣《つ》ったり、もらったりして新鮮な鯛があるときだけ食べるものなのだそうだ。だし汁《じる》は濃《こ》いめのおすましぐらい。卵《たまご》の黄身とぴんぴんの鯛《たい》の刺《さ》し身《み》と海藻《かいそう》を入れ、引っかき回してごはんにかけて食べる。だし汁は丼《どんぶり》ものより汁気《しるけ》が多く、かっこむとごはんがさらっと口に流れこむぐらい。だし汁に入るしょう油は濃い口だが、西日本の甘《あま》みのあるもの。これがまたよく合う。あじなど他の白身魚で作るものは「ひゅうがめし」という。こちらもぜひ味わってみたい。

鯛《たい》めしの香《かお》りづけは「温州《うんしゅう》みかん」

鮮《あざ》やかなオレンジ色のみかんの皮を細かくきざんだものを、香りづけに使っていた。これがまた不思議とよくあっていた。宇和島《うわじま》の海に面した斜面《しゃめん》には、みかんの段々畑《だんだんばたけ》が広がっている。潮風《しおかぜ》と適度《てきど》な気候で最良のみかんがとれる地域《ちいき》でもある。一年中、みかんのある地域なのだ。

材料と作り方

鯛《たい》の刺《さ》し身《み》　ごはん　卵《たまご》の黄身
だし汁《じる》(昆布《こんぶ》　かつお節《ぶし》　しょう油　酒　みりん)
薬味(青ねぎ　みかんの皮　海苔《のり》　白ごま)

1 すまし汁よりも少し濃《こ》いめのだし汁を作り、冷やしておく。
2 薬味をきざむ。青ねぎは小口切り、みかんの皮はみじん切り。
3 だし汁に卵の黄身と薬味を混《ま》ぜ入れる。
4 3に鯛の刺し身を混ぜ入れて、炊《た》きたてのごはんにかけて食べる。

＊だし汁の作り方は61ページを参照。

— 取材地 —
静岡県《しずおか》　由比《ゆい》
（静岡市）

沖《おき》あがり

漁《りょう》からもどった漁師《りょうし》さんが、
とりたての桜《さくら》えびで作りました。

さっと煮《に》た新鮮《しんせん》な桜《さくら》えびの歯ざわりと、つるんとした豆腐《とうふ》のハーモニーが楽しい一品。甘《あま》じょっぱい味つけでごはんがすすむ料理だ。とくに甘《あま》さはかなりのもの。この料理は元々潮風《しおかぜ》を浴びて仕事をする漁師《りょうし》さんたちが食べたもので、「（海の）沖《おき》からあがって（＝もどって）食べる」が名前の由来。甘《あま》い味つけは、潮《しお》にまみれての激《はげ》しい労働で体が欲《ほっ》するからだそうだ。作りたてもおいしいが、翌日《よくじつ》、豆腐に味がしみて茶色くなったものも味がなれておいしいとか。時代の変化だろうか、最近の漁師《りょうし》さんたちはあまり食べなくなったそうだ。

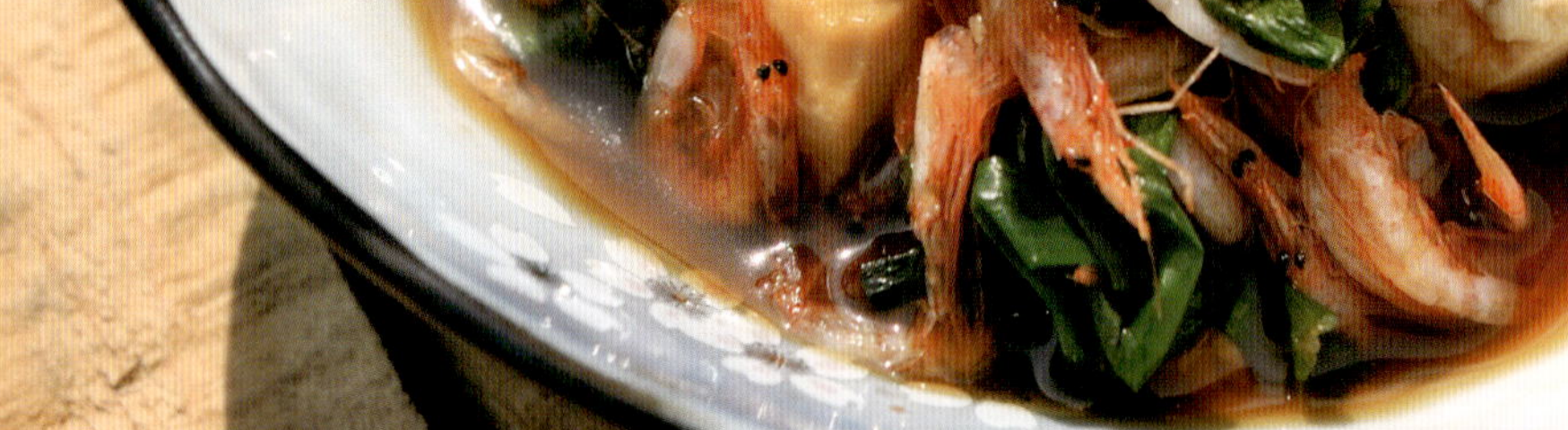

料理の手順

■由比漁港《ゆい》

国道１号線（東海道）の橋桁《はしげた》の下にある由比漁港。小さな漁港だが桜《さくら》えびの水揚《みずあ》げは日本一。桜えびは、由比のほか、同じ静岡《しずおか》市の蒲原《かんばら》漁港と大井川町《おおいがわちょう》の大井川漁港の３か所だけで水揚げされる。

■桜《さくら》えびを干《ほ》す

魚市場でせり落《お》としたらすぐに近くの富士川《ふじがわ》の干し場に持っていき、その日のうちに干し上げる。富士山《ふじさん》も見えるこの干し場のようすは、この地区の春と秋の風物詩《ふうぶつし》になっている。

桜《さくら》えびの街、由比《ゆい》

この料理の特徴《とくちょう》はなんといっても桜えびにあります。この桜えびは、駿河湾《するがわん》で漁が行われ、由比漁港と蒲原《かんばら》漁港、大井川《おおいがわ》漁港でのみ水揚《みずあ》げをされています。桜えびは日中は水深二百メートル以上の深い所に生息していますが、夜になると三十～六十メートルまで浮上《ふじょう》してくるのだとか。そこで漁は夜に行われます。桜えびは鮮度《せんど》がすぐ落ちるので、大半は干《ほ》して全国に出荷されています。

香《かお》りとこくのあるその味は、焼きそばやお好み焼きなど庶民的《しょみんてき》な料理のアクセントとして多く使われてきました。最近は量が少なくなって値《ね》が高くなり、高級食品の部類になってきたと加工業者の方が嘆《なげ》いていました。桜えびは殻《から》ごと食べるのでカルシウムが多く摂《せっ》取《しゅ》でき、もっともっと身近に食べてもらいたいと願っているようです。

桜えび漁《りょう》の歴史

桜えび漁の始まりは明治《めいじ》時代。百年ちょっとの歴史です。始まりは、漁師《りょうし》が誤《あやま》って網《あみ》をいつもより深く入れたところ、たくさんの桜えびがとれたのがきっかけだったとか。じつは、それ以前から、網に少し混《ま》ざるので、いることはわかっていた桜えび。東海道を旅した弥次《やじ》さん喜多《きた》さん（『東海道中膝栗毛《とうかいどうちゅうひざくりげ》』）は、まだ味わうことができなかった味ということになりますね。

ほかの食べ方

■生の桜《さくら》えび

とれたての生の桜えびも食べさせてもらった。じつは、地元の人たちはあまり食べないらしい。「殻《から》ががさっぽいでしょ？（口にあたる）」とのこと。いえいえ、独特《どくとく》の甘《あま》みが感じられて、おいしかったですけど……。

■桜《さくら》えびのかき揚《あ》げ

由比《ゆい》の人たちの一番人気の料理はかき揚げ。たしかに殻《から》のがさがさした感じもなくなり、香《こう》ばしい。冷凍《れいとう》の桜えびでも乾燥《かんそう》したものでも、おいしくできるとのこと。おいしく作るコツは、衣を薄《うす》くとのこと。（作り方は 58 ページ参照）

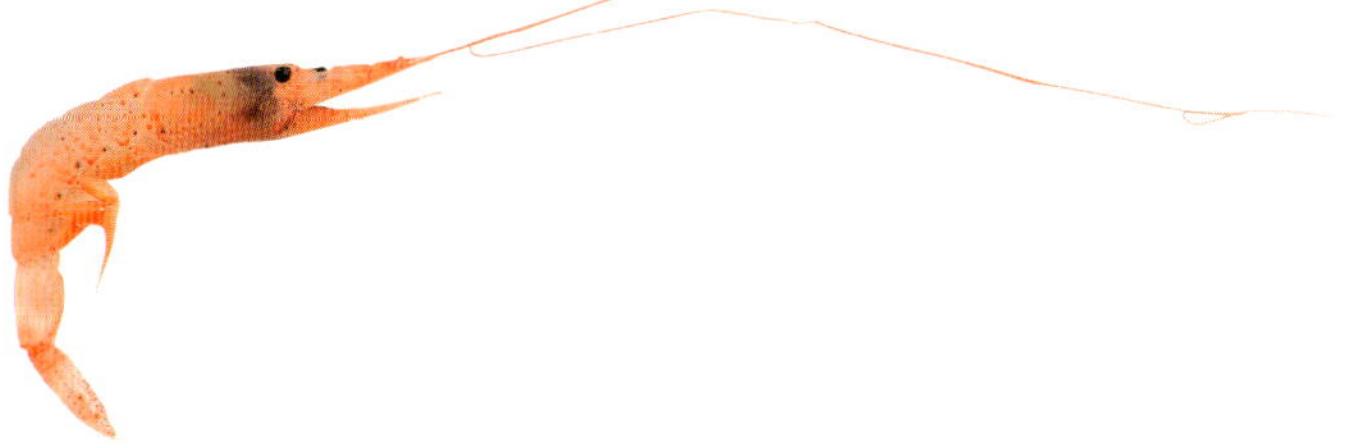

かんたん！作ってみよう

材料と作り方

桜《さくら》えび(生)…50g　木綿豆腐《もめんどうふ》…1丁　青ねぎ…2～3本
酒…½カップ　しょう油…¼カップ　砂糖《さとう》…大さじ4

1. 桜えびを箸《はし》でかきまぜて長いヒゲをとる。
2. 鍋《なべ》に調味料を入れ、強火で沸騰《ふっとう》させ、豆腐を入れる。
3. もう一度沸騰したら、桜えびと青ねぎを入れ、強火のままで２～３分さっと煮《に》る。
4. 具に軽く火が通ったらできあがり。煮すぎると、桜えびが固くなる。

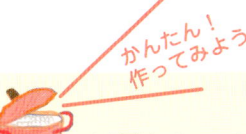

取材地
宮城県《みやぎけん》　気仙沼市《けせんぬまし》

あざら

春になると気仙沼《けせんぬま》では、古漬《ふるづ》けになった白菜漬《はくさいづ》けと新鮮《しんせん》な魚と酒粕《さけかす》であざらを作ります。

一言《ひとこと》でいえば複雑《ふくざつ》な味の料理、あざら。気仙沼《けせんぬま》は新鮮《しんせん》な魚の宝庫《ほうこ》。おいしい魚を手軽に食べることができるが、機会があれば、魚よりもあざらを味わってもらいたいとさえ思える。材料はよく発酵《はっこう》した白菜《はくさい》の漬《つ》け物《もの》と、一匹《いっぴき》まるごとの新鮮《しんせん》な魚。寝《ね》かせて熟成《じゅくせい》させた酒粕《さけかす》が両者のまとめ役だ。

昔、あざらにはメヌケとよばれる魚を好んで使った。とてもおいしい大衆魚《たいしゅうぎょ》だったが、あまりとれなくなって高級魚の仲間入りをした。「あざらは庶民《しょみん》の食べ物だから、今は赤魚《あかうお》を使って作るよ」としおばあちゃんがあざらを作ってくれた。赤魚はメヌケと同じように、脂《あぶら》があり、だしのよく出るおいしい魚。今はまだ値《ね》が安い大衆魚だという。できあがったあざらは、とにかくうま味が強い。すっぱくなった古漬《ふるづ》けがもつ力強さに、新鮮《しんせん》な魚がもつさわやかさ。酸味《さんみ》、甘《あま》み、塩味のバランスがよく、魚のうま味に加わり、独特《どくとく》の香気《こうき》が鼻をくすぐる……。くせになる、そんな一品。

料理の手順

■としおばあちゃん

あざらを作ってくれたのは、86歳《さい》のとしおばあちゃん。今でも、家の仕事のわかめの芯《しん》ぬきなどを手伝っている。いろんな漬《つ》け物《もの》を漬ける名人でもある。まだまだ現役《げんえき》だ。

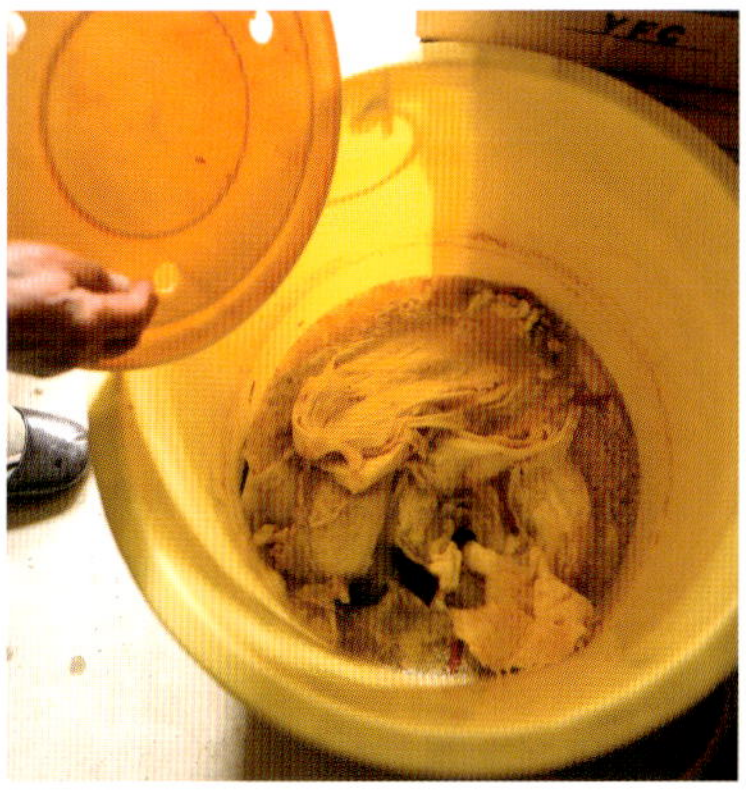

■白菜《はくさい》の漬《つ》け物《もの》

あざらを作るのになくてはならない、白菜の古漬《ふるづ》け。3か月以上たって発酵《はっこう》が進み、「すっかく（すっぱいの方言）」なったものを使う。白菜はお母さんが畑で育てた無農薬《むのうやく》。漬け物を漬けるのはおばあちゃんの仕事。

古くなった白菜漬《はくさいづ》けをおいしく食べる

冬の間、食べ続けてきた、白菜の漬け物。春になるころにはすっかり発酵《はっこう》が進み、酸味《さんみ》も強くなります。「すっかい（すっぱい）からねー」と、お客さんに出すのが失礼だと、ためらわれるようになると、時期を見はからって、あざらを作ります。漬《つ》け物樽《ものだる》を開ければ、最初に目にとびこむのはネットに包まれた大量の青じその茎《くき》。おいしい白菜漬けを漬けるおばあちゃんの工夫《くふう》です。白菜は白かった根元が少し灰色《はいいろ》になり、漬《つ》け汁《じる》もどこかどろっとした感じ。表面があやしく光って、古漬け好きの僕《ぼく》は、大変なごちそうが出てきたぞ！　と思わずよだれが。サラダ感覚の浅《あさ》漬《づ》けもいいですが、古漬けを食べたことがない人は、ぜひ試してみてほしいと思います。

水揚《みずあ》げされたばかりの魚と酒粕《さけかす》

下処理《したしょり》しただけの魚をまるごと、水だけで一時間ほどコトコト煮《に》ます。魚はほろほろになり、白濁《はくだく》した煮汁《にじる》は魚のおいしさがあふれています。こうなると、あざらは贅沢《ぜいたく》な味の魚料理だとも思えてきます。

こだわるのは酒粕。どこの酒粕かはあまり関係ないようです。おばあちゃんにとって大切なのは寝《ね》かした酒粕を使うこと。なんだか味がいいんだそうです。じつは、あざらは残り物の処理《しょり》ではなく、春の訪《おとず》れを感じる季節の味として愛されてきた料理なのです。

■家業はわかめなどの養殖《ようしょく》

家から数分のところに気仙沼湾《けせんぬまわん》が広がっている。大島が自然の防波堤《ぼうはてい》になっていて、とても波が静かなところで養殖が盛《さか》んだ。としおばあちゃんの家でもわかめ、ほたて、かきなどの養殖をしている。この時期はわかめの収穫《しゅうかく》で忙《いそが》しかった。わかめは、根元に近い方がおいしいらしいが、色が変わりやすいのでふつうは手に入らないそうだ。

材料と作り方

メヌケ（または赤魚《あかうお》）…1尾《び》　白菜《はくさい》の古漬《ふるづ》け…1個《こ》半
酒粕《さけかす》…500ｇ　みそ…大さじ2　砂糖《さとう》…小さじ2
とうがらし…少々　にんにく…1片《へん》

1 魚を1時間ほど水で煮《に》てから、骨《ほね》をとる。
2 白菜の古漬けを漬《つ》け汁《じる》ごと15分煮《に》て、約1時間水にさらす。
3 鍋《なべ》に魚の身、白菜、とうがらし、にんにくを入れて煮る。
4 15分ぐらい煮たら、みそと酒粕を半分入れる。
5 さらに15分ぐらい煮たら、残りのみそと酒粕を入れて10分ぐらい煮る。
6 火を止めて30分ぐらいおいて味をなじませる。

＊鍋はできるだけ厚《あつ》みのある鍋がよい。
＊途中《とちゅう》で味を見て、薄《うす》いときは塩を入れる。
＊魚はシーチキンでもおいしくできるそうだ。

焼《や》き鯖《さば》そうめん

長浜《ながはま》名物の焼《や》き鯖《さば》とそうめんを合わせた、祭りに食べる料理です。

香《こう》ばしくこんがりと焼けた焼《や》き鯖《さば》は、海からはなれた、琵琶湖《びわこ》に面する長浜《ながはま》の名物。この焼き鯖を使ったそうめんは、日本三大山車祭《だしまつ》りのひとつ、長浜曳山祭《ながはまひきやままつ》りには欠かせない料理。また、いそがしい農繁期《のうはんき》に農家に嫁《とつ》いだ娘《むすめ》を気遣《きづか》い、実家から嫁ぎ先へ焼き鯖を送る「五月見舞《さつきみま》い」という風習などもあった。長浜では、焼き鯖は昔からなじみ深い食べ物なのだ。

焼き鯖そうめんは、焼き鯖を甘辛《あまから》い汁《しる》でぐつぐつと炊《た》き、焼き鯖の脂《あぶら》とうま味がたっぷりと出た汁を、そうめんにしっかり吸《す》わせた料理。濃《こ》いめの味つけは、祭りにぴったり。そうめんには味がしみこみ、まるで焼き鯖の分身のようになっている。そのまま食べてもおいしいが、ごはんのおかずに食べてもおいしいのでは。熱い夏につるつるっとさっぱり食べるそうめんとはちがう、力強いそうめん料理だ。

料理の手順

■若狭《わかさ》の焼《や》き鯖《さば》

昔、焼《や》き鯖《さば》は若狭湾《わかさわん》から運ばれてきた。今でも焼き鯖は福井県《ふくいけん》の小浜《おばま》の名物。昔は大量にあがった鯖も、今ではすっかり減《へ》ってしまったが、それでも小浜のあちらこちらに焼き鯖が並《なら》んでいる。若狭の人たちにとっても、焼き鯖はなくてはならないものなのだ。

■焼《や》き鯖《さば》

長浜《ながはま》の焼き鯖（上）と小浜《おばま》の焼き鯖（下）は姿《すがた》がちがう。竹ぐしのさし方も長浜は２本ではさむようにし、小浜は１本。切れめの入れ方も、小浜では背《せ》から開いて、身をずらすようにしているのが特徴《とくちょう》だ。焼き鯖は、電子レンジで温めて、しょうがじょう油で食べてもおいしい。

長浜《ながはま》の焼《や》き鯖《さば》

「鯖の生《い》き腐《ぐさ》れ」といわれるほど、足の早い(傷《いた》みやすい）鯖。今は冷蔵機能《れいぞうきのう》つきのトラックで新鮮《しんせん》なうちに運ぶだけではなく、遠く海外から冷凍《れいとう》にして運んだり、長期保存《ほぞん》することもふつうになりました。そんな技術《ぎじゅつ》がなかった昔、たくさんとれた若狭《わかさ》の鯖は、塩をしたり焼いたりして、傷《いた》まぬよう工夫《くふう》をし、人がかついで内陸に住む消費者にも運びました。

塩鯖が京都に運ばれたのはよく知られた話ですが、長浜には焼き鯖が運びこまれていました。その道筋《みちすじ》は、京都に向かう何本かの鯖《さば》街道《かいどう》をはずれて、琵琶湖《びわこ》の西側から船で東側の長浜に運んだ説、福井《ふくい》県の敦賀《つるが》から北国街《ほっこくかい》道《どう》を通って運んだ説など、いろいろありますが、正確《せいかく》なことはわかっていません。長浜は裕福《ゆうふく》なところなので、焼き鯖が集まってきたのでしょう。

琵琶湖の魚

四十万年前から今の姿《すがた》の琵琶湖には、あめのうお（びわます）、琵琶湖おおなまずなど、おいしい琵琶湖固有の魚が多くいます。もちろん長浜の人たちも、目の前でとれるこれらの魚も食べていました。春先の小鮎《こあゆ》もおいしい魚です。不思議ですが、琵琶湖の鮎は小さいまま。不思議といえば、冬になると魚屋に鴨《かも》が並《なら》びます。漁師《りょうし》が藤蔓《ふじづる》にとりもちをつけて鴨をとるので、卸《おろ》し先《さき》が魚屋になるのだそうです。

ほかの郷土料理

■小鮎《こあゆ》のあめ煮《に》

琵琶湖《びわこ》の小鮎を、しょう油と砂糖《さとう》でしっかりと炊《た》いたあめ煮。料理じょうずのお母さんのあめ煮は、砂糖はザラメを使い、山椒《さんしょう》の実を入れて香《かお》り高く炊いてあって、ごはんがすすむ。

■えび豆

琵琶湖《びわこ》固有の小えびと大豆を炊《た》いた、このあたりの定番のおかず。少し甘《あま》めの味つけで、大豆はもっちりとしている。

かんたん！作ってみよう

材料と作り方

焼《や》き鯖《さば》…1尾《び》(4～5人分)　水…½カップ
酒、しょう油、砂糖《さとう》…各1½カップ
そうめん

1 鍋《なべ》に水と酒、しょう油、砂糖《さとう》を入れて、沸騰《ふっとう》させる。
2 1の鍋に切った焼《や》き鯖《さば》を入れる。
3 強火で５分ほどグツグツ煮《に》る。
4 鯖をとりだして、鍋にあらかじめ固めにゆでておいたそうめんを入れる。
5 そうめんが煮えたら、鯖とそうめんを皿に盛《も》りつけて、上から煮汁《にじる》をかける。

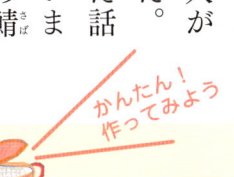

— 取材地 —
東京都　越中島《えっちゅうじま》
（江東区《こうとう》）

深川《ふかがわ》めし

深川の漁師《りょうし》が食べていたという深川めし。
あさりのだしがよくきいた江戸《えど》っ子《こ》の糧飯《かてめし》（炊《た》きこみごはん）です。

「昭和《しょうわ》三十八（一九六三）年に、埋《う》め立《た》てになるんで深川《ふかがわ》の漁師《りょうし》は漁を放棄《ほうき》したんです。それまで、うちの父さんは天然のかきと浅草海苔《あさくさのり》をとっていた。どっちもとてもおいしかったよ。で、深川で一番若《わか》い漁師だったんだけど、漁師ができなくなって、今は屋形船《やかたぶね》をやってる。わたしは手作りの料理をお客さんに食べさせたくて、がんばってる」。七十歳過《さいす》ぎだろうが、まだまだ現役女将《げんえきおかみ》の内田《うちだ》さんに深川めしを聞いた。

「深川めしって名前が有名になったから、お客さんにだす献立《こんだて》にはそう書くけど、わたしたちはふつうにあさりごはんってよんでる。あまりとれなくなったけど、江戸前《えどまえ》（東京湾《わん》）のあさりは味が濃《こ》くておいしいね。ごめんね、今日《きょう》はあさりを切らしているんだ。あればさっと作って食べさせてやれるんだけど。でも自分で作ってみればいいわよー。かんたんだから」と料理方法を教えてくれた。

深川漁師《ふかがわりょうし》が食べた深川めし

「うちの前の路地は、昔はみな漁師の家。ここらの人はあさりのごはんっていったら炊《た》きこみなんてやってなかったよ。漁師は潮時《しおどき》（潮の満ち引き）を見てぱっと沖《おき》に行くから、いつでもごはんを切らさないようにとっておかないといけなかった。あさりがあれば、ねぎのぶつ切りといっしょに、あさりのみそ汁《しる》みたいにして、ごはんの上にばっとかけて、かっこんで出かけて行った。こうやって食べるのを〝ぶっかけ〟ってよんでたけど」と内《うち》田《だ》さん。どうもこれが、深川漁師の食べた深川めしの原点のようです。

また、「わたしは八丁堀《はっちょうぼり》の生まれなんだけど、子どもの時分は佃島《つくだじま》から生のあ・み・やわたりがにを売りにきていた。父親はあさりがあると買って、小松菜（江戸《えど》時代からの東京の特産野菜）をいっぱいゆでて、今日はアサ（リ）鍋《なべ》だといって食べていた」。東京湾《わん》がまだ豊《ゆた》かな漁場だったころの話です。

■あさりの佃煮《つくだに》

佃煮は東京の佃島《つくだじま》が発祥《はっしょう》の地。佃島の漁師《りょうし》の家で自家用の保存食《ほぞんしょく》に作っていたものが、各地に広まった。江戸前《えどまえ》のあさりは、最近は千葉県の沿岸《えんがん》でとられているものが多いが、江戸前の佃煮の味は今でも健在《けんざい》だ。

■ぶっかけの深川《ふかがわ》めし

昔、深川の漁師《りょうし》が食べていたという「ぶっかけ」。ようするにあさりのみそ汁《しる》の汁かけごはん。食べてみたが、コクもあってサラサラとおいしい。「じつは、あさりのぶっかけより、青柳《あおやぎ》（バカ貝）のぶっかけのほうがおいしいわよ」と内田《うちだ》さん。

■屋形船《やかたぶね》が係留《けいりゅう》する深川《ふかがわ》あたり

深川とは、江東《こうとう》区の西半分のあたり。隅田川《すみだがわ》と大横川《おおよこがわ》にはさまれた地域《ちいき》。古くはそのほとんどの部分が海と島だったが、江戸《えど》時代初期から徐々《じょじょ》に埋め立てられた。今でも大小の掘《ほ》り割《わ》りが数多くあり、昔の交通の重要な役割《やくわり》を担《にな》っていた水路のおもかげを残している。

かんたん！作ってみよう

材料と作り方

あさり…250g（殻《から》つき）
油揚《あぶらあ》げ…½枚《まい》
米…2合　しょう油　酒

1 あさりをよく洗《あら》って、2〜3時間うすい塩水につけて、暗いところへおき、砂《すな》をぬく。

2 あさりを水からゆでる。口が開いたら火を止める。

3 火を止める前に、アクをとる。

4 ざるにあける。ゆで汁《じる》はボールにとっておく。

5 あさりの身を、殻からはずす。

6 油揚げを細かく切る。

7 鍋《なべ》にしょう油と酒を煮《に》たたせて、あさりと油揚げをさっと煮る。

8 米をといで、あさりのゆで汁を標準《ひょうじゅん》の水の分量より少なめに入れる。

10 しょう油（米2合で大さじ2弱）を入れて、ふつうにごはんを炊《た》く。

11 ごはんが炊《た》きあがったら、あさりと油揚げを入れる。

12 ごはんをよく混《ま》ぜる。

たけのこの故郷《ふるさと》、長岡京《ながおかきょう》

よく管理された竹林。足下《あしもと》がふかふかしています。ここは長岡京、桓武天皇《かんむてんのう》（在位《ざいい》七八一～八〇六年）によって都《みやこ》をおかれたこともある歴史あるところ。日本における孟宗竹《もうそうちく》の故郷ともいわれています。

たけのこ掘《ほ》りは早朝に行われます。地面の小さなひびを見つけて、専用《せんよう》の道具でていねいに掘り出します。日を浴びていない白っぽいたけのこは、白子《しろこ》とよばれ、アクも少なくて最上級品。この竹林には、段々畑《だんだんばたけ》のような土留《どど》めがついています。じつはここは、毎年、刈《か》った草を敷《し》きつめ、その上に土を盛《も》り、人間がつくり上げた丘《おか》なのです。ここは竹やぶではなく、手塩をかけて作られたたけのこ畑。おいしいたけのこを作るために苦労を惜《お》しまない人たちによって守られているのです。

■たけのこ掘《ほ》り

たけのこはまだ土の中。土のひび割《わ》れが目印だ（写真右下）。「ほり」とよばれる専用《せんよう》の道具（写真下中）を使う。ザクッと入れてグイッと力を入れて掘り起こす。まるで、地面の中のたけのこが見えているのではないかと思えてくる。

土から顔を出す前に掘《ほ》り出《だ》した白子《しろこ》のたけのこ。

— 取材地 —
京都府　長岡京市《ながおかきょうし》

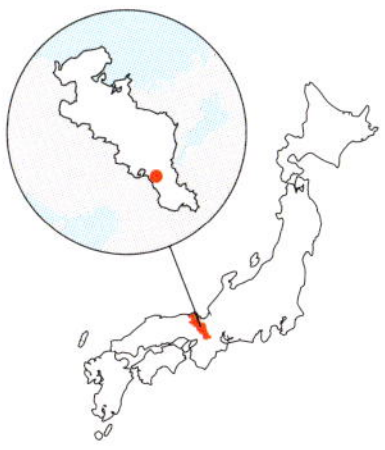

たけのこごはん

たけのこが出はじめたら、まず最初に作る、みんな大好きな、たけのこ料理の定番。

土の中から掘《ほ》り出《だ》したたけのこ。出はじめのころには、売り物にならない小さなものもとれる。それを近所に、たけのこごはんにでもしたら、といって配るのだとか。たけのこごはんは、地元でも定番のおいしい食べ方だという。炊《た》きこみごはんは、味つけがちょっとむずかしいそうだ。濃《こ》すぎても、薄《うす》すぎてもおいしくないとのこと。こだわって作ったたけのこごはん。香《かお》りも高く、さすがにすばらしい味わいだ。

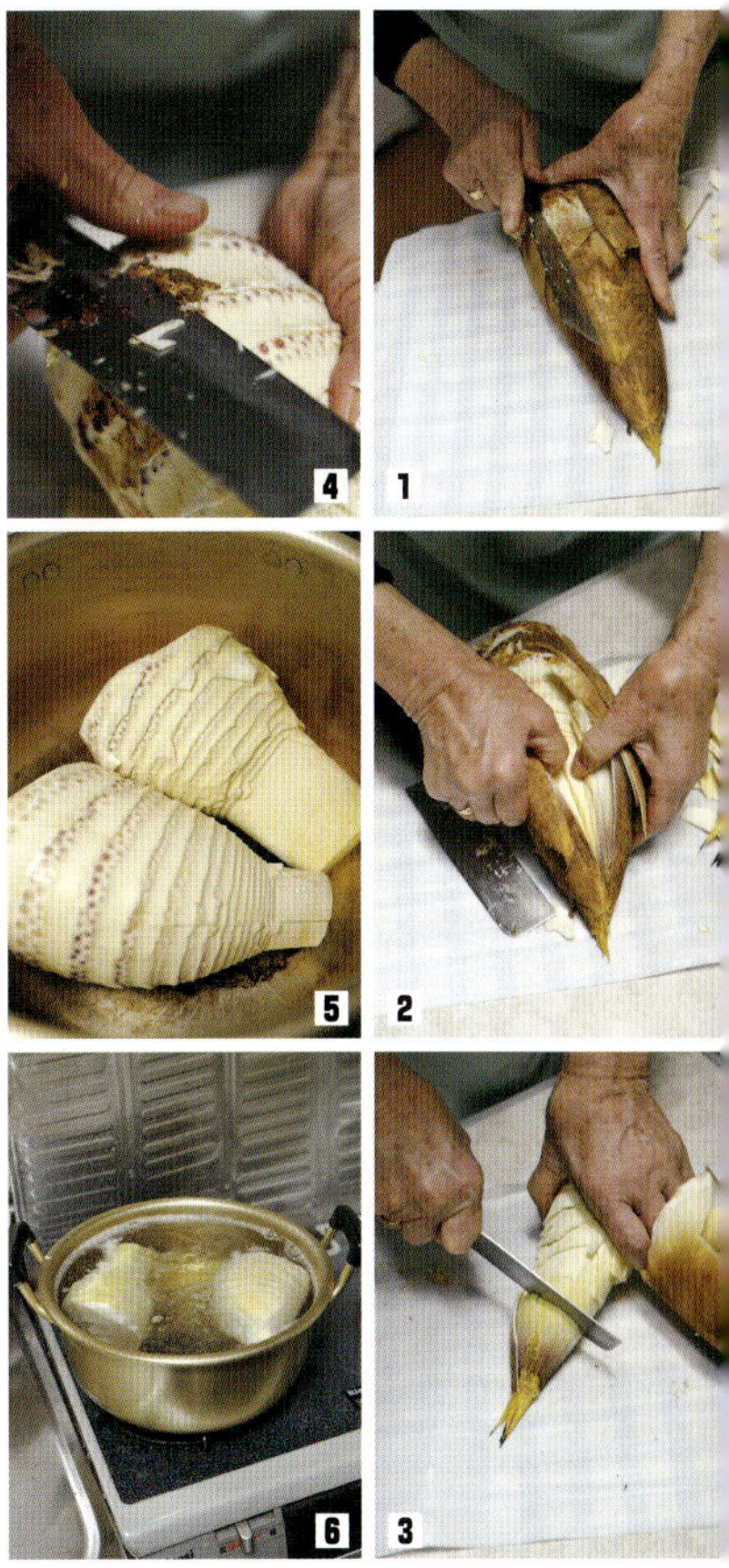

■たけのこの下処理《したしょり》

1・2　たけのこに包丁で切れ目を入れて、皮をむく。

3・4　頭の部分を落とし、根元のボツボツを少しとる。

5・6　30分ぐらいゆでて、水にさらす。

＊ふつうはアク（えぐみ）があるので、ぬかととうがらしを入れてゆでる。

■たけのこ料理３品

若竹煮《わかたけに》（下）、たけのことわかめのかき揚《あ》げ（右上）、たけのこの佃煮《つくだに》（右下）。若竹煮は、旬《しゅん》のわかめと炊《た》き合《あ》わせた季節の出合いもの。大きく切ったたけのこを、口いっぱいにほおばって食べるのが地元流。（作り方は 59 ページ参照）

材料と作り方

たけのこ…150g　米…2合
油揚《あぶらあ》げ…½枚《まい》　にんじん…⅓本
薄口《うすくち》しょう油…大さじ2　酒…大さじ1
みりん…大さじ½　だし昆布《こんぶ》

1　お米を 30 分ぐらい前にといで、ざるにあけておく。

2　たけのこ、油揚げ、にんじんを切る。

3　炊飯器《すいはんき》に具と調味料、だし昆布を入れて、ごはんを炊《た》く。

＊炊きこみごはんの作り方は60ページ参照。
＊好みで山椒《さんしょう》の葉をのせる。

— 取材地 —
熊本県《くまもと》　鹿北町《かほくちょう》
（山鹿市《やまが》）

ひこずり

熊本《くまもと》県北部のたけのこの里で食べられている、みそ味の素朴《そぼく》なたけのこ料理です。

変わった名前のたけのこ料理、ひこずり。使う材料は庭先に積まれたあまったたけのこ、あとは砂糖《さとう》と手作りの麦みそと長ねぎだけ。材料を火にかけて、鍋《なべ》の中で「ひっこする」（しゃもじを使って、鍋底をこすりつける）。これが単純《たんじゅん》であきのこない味。

今回は、地元の出はじめのたけのこで作ってもらった。かみしめれば、しゃくしゃくとした軽い歯ざわりのみずみずしいたけのこと、ひっついているみそが混《ま》ざり合い、口の中で料理が仕上がるような妙《みょう》味《み》。味のしみた煮物《にもの》もいいが、ひこずりはたけのこの味がよくわかる、たけのこ好きにはおすすめの一品だ。

料理の手順

干《ほ》したけのこの煮物《にもの》

干したけのこの煮物は、このあたりではふつうの家庭料理だ。生とはちがう歯ごたえが楽しめる。(干したけのこのもどし方と調理方法は 59 ページ参照)

干《ほ》したけのこ

たけのこはどんどん出てくるので、食べきれないものは干して保存《ほぞん》する。カラカラに乾《かわ》いたたけのこは、調理前にもどすのに時間と手間がかかる。めんどうなようだが、このあたりの人は手間をおしまない。

早《はや》掘《ぼ》りのたけのこ

さすがに九州の春は早い。訪《おとず》れたのはまだ1月も末のこと。北の国では厳《きび》しい冬のまっただ中なのに、こちらはもう春のいぶき。土の中ではどんどんたけのこが生長している。土から頭を出す前に掘りあげた早掘りのたけのこは、小ぶりだがしっかりと重さがある。

たけのこの里

たけのこの産地として有名な鹿北町《かほくちょう》は、熊本《くまもと》県の北部に位置しています。小栗峠《おぐりとうげ》の「道の駅鹿北」には、地元のお母さんたちが営業している有名な食堂があります。ここのだご汁《じる》は行列ができるほど。もちろん、料理はすべてお母さんたちの手作りです。食堂のお母さんたちの家では、たけのこの時期になると、市場に出荷できないたけのこが庭先にどんどん積まれるのだとか。その時期は、食卓《しょくたく》にたけのこ料理しか並《なら》ばない日が続くのだそうです。そんなお母さんたちですから、たけのこ料理はおてのもので、じつは秘密《ひみつ》のアクぬき方法も、こっそり教えてもらいました。

干《ほ》したけのこ

どんなに食べたり配ったりしても、大量のたけのこが残ります。残ったたけのこは、庭先で干して保存《ほぞん》します。そして翌年《よくねん》のたけのこの時期まで食べるのです。干したけのこはこのあたりだけではなくて、南九州《みなみきゅうしゅう》を中心に九州地方ではよく見られる保存食です。油炒《あぶらいた》めにしたり、干しだらと煮《に》たり、さまざまな料理に変身して、夏から冬までいつでも食べます。干したけのこの煮物《にもの》を作ってもらいました。時間をかけてもどした干したけのこは、生よりも繊維《せんい》がしっかりとした感じで、繊維にそって切ったものと断《た》ち切《き》るように切ったもので二種類の歯ごたえが楽しめます。

ほかの食べ方

たけのこの刺《さ》し身《み》

ゆでてアクぬきをしたたけのこを、切っただけ。まだ出はじめのものだから、えぐみがある、といわれたが、香《かお》りがよくて甘味《あまみ》がある。自家製《じかせい》のこんにゃくと盛り合わせて、酢《す》みそがかかっていた。

たけのこのきんぴら

きんぴらも定番料理。細く切ったたけのこを油で炒《いた》めて、しょう油と砂糖《さとう》で味つける。

かんたん！作ってみよう

材料と作り方

たけのこ(水煮《みずに》でもよい)
みそ　砂糖《さとう》　ねぎ　サラダ油　各適宜《てきぎ》

1 アクぬきしたたけのこを薄《うす》切りにする。
2 鍋《なべ》にサラダ油をひいて、たけのこを炒《いた》める。
3 砂糖を入れてさらに炒め、みそを入れる。
4 木べらで、鍋底にこすりつけるように炒める。
5 ねぎを加えて、しんなりしたらできあがり。

＊たけのこのアクぬきは59ページ参照。

— 取材地 —
山形県　鶴岡《つるおか》市

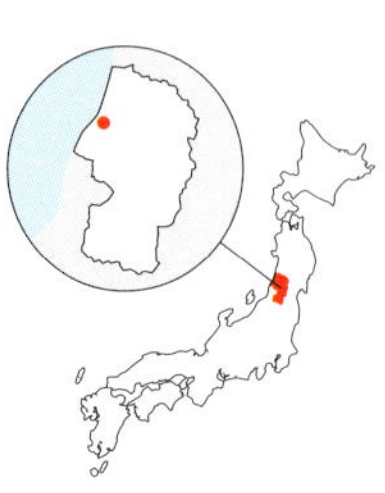

孟宗汁《もうそうじる》

孟宗《もうそう》とはたけのこのこと。
孟宗汁はすばらしいコクのある汁物《しるもの》です。

孟宗汁《もうそうじる》の孟宗とは竹の種類名。全国的に食べられているふつうのたけのこの竹のこと。つまり孟宗汁は、たけのこの汁物。でもふつうのたけのこ汁とは、かなりちがう。味つけにはみそと酒粕《さけかす》が使われる。ふたつを合わせることで単なるみそ汁や粕汁よりも複雑《ふくざつ》で濃厚《のうこう》な味わいに。そして具材の豚肉《ぶたにく》やしいたけがさらなるコクを汁に加えている。

かつて孟宗汁には「にらぶさ」とよばれた香《かお》りの強い天然のしいたけを干《ほ》したものが使われていた。汁ももっとこってりと仕上げたという。濃厚な汁をすすったあとに、ふうふうしながら食べる厚揚《あつあ》げは口の中をさっぱりとさせ、主役のたけのこは、しゃくしゃくと歯ごたえが軽く、すがすがしくもあり、まったくえぐみを感じさせないみごとなものだった。

料理の手順

■竹林

鶴岡市《つるおか》郊外《こうがい》の金峯山《きんぼうざん》の周辺の谷定《たにさだ》、湯田川《ゆたがわ》、田川《たがわ》と、海ぞいの早田《わさだ》など何か所か「孟宗《もうそう》」の産地がある。このあたりの赤土が孟宗竹の栽培《さいばい》に適《てき》しているとか。管理の行《い》き届《とど》いた竹林で、アクの少ないおいしいたけのこが作られている。

■たけのこ

新鮮《しんせん》なたけのこは皮もつやつやして、見るからにみずみずしい。たけのこを丸ごと買ってきたら、その日のうちに調理しよう。

■たけのこ売り場

地元の直売所やスーパーのたけのこ売り場には、酒粕《さけかす》とみそが必ずいっしょに並《なら》んでいる。

孟宗汁《もうそうじる》のたけのこ

「ここいらでは、たけのことよばずに孟宗とよんでますよのぉ。ここいらの人は孟宗がとれる一か月間は、大鍋《おおなべ》で煮《に》て、毎日、孟宗汁ばかり食べているのぉ」。と孟宗汁を作ってくださった小野寺《おのでら》さん。一般的《いっぱんてき》に東北地方のたけのことといえば、根曲がり竹など細く小さいものが有名です。中国原産の孟宗竹《もうそうちく》は東北以南で栽培《さいばい》されてきました。

鶴岡《つるおか》市近郊《きんこう》の金峯山《きんぽうざん》周辺の孟宗竹は、その昔、修験者《しゅげんじゃ》が京都から持ち帰ったのがはじまりといわれています。山形県中央にある中山《なかやま》町《まち》の棒《ぼう》だらの芋煮《いもに》（秋の巻《かん》参照）も、最上川《もがみがわ》を京都から物資《ぶっし》を運んできた人たちが発祥《はっしょう》とのこと。山形県は昔から、日本海航路《こうろ》を通じて京都と深い交流があったのです。

たけのこのアク

生のたけのこは、ふつうはアクをぬくために、ぬかととうがらしを入れて一時間以上ゆで、そのまま冷ましてからようやく調理にかかります。ところが鶴岡の孟宗は、アクぬきをせずにそのまま煮ます。しかもたけのこのだしが出た煮汁《にじる》をそのまま利用するのです。たけのこにほとんどアクがないからです（えぐみの強いものもあるので、最初に端《はし》をかじってみて確《たし》かめるそうですが）。歯ごたえもよく、たけのこのあまい香《かお》りも強く、極上《ごくじょう》のたけのこです。

■庄内平野《しょうないへいや》

鶴岡市《つるおか》は庄内平野の南部に位置し、おいしい米のとれる田園風景が広がる。米のほか、だだちゃ豆も特産だ。

材料と作り方

たけのこ（おおぶりのもの）…1本
豚肉《ぶたにく》（こま切れ肉）…300g
厚揚《あつあ》げ…1枚《まい》　生しいたけ…8枚
煮干《にぼ》し…15ｇ　酒粕《さけかす》…200ｇ　みそ…200ｇ

1 たけのこの皮をむいて、食べやすい大きさに切る。
2 鍋《なべ》にたけのこと煮干しと水を入れる。
3 沸騰《ふっとう》させてたけのこに竹ぐしが通るまでゆでる。
4 豚肉、生しいたけを入れる。
5 酒粕とみそを入れる。
6 最後に厚揚げを入れて少し煮《に》る。

＊ここでは、たけのこのアクぬきはしないが、ふつうはアクぬきをする（59ページ参照）。

— 取材地 —
高知県　西土佐《にしとさ》
（四万十市《しまんとし》）

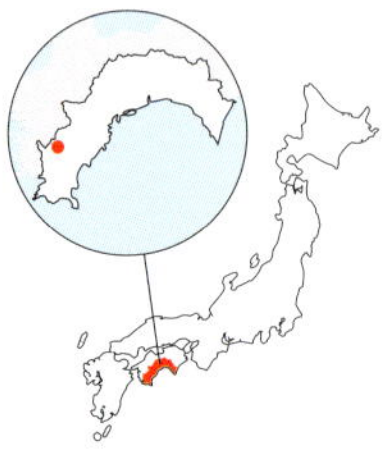

黒竹《くろちく》の筒《つつ》ずし

たけのこの節《ふし》の中に酢《す》めしがつまっている、一口サイズのかわいいおすしです。

手でつまんで、ぽんと一口で食べられる小さなすし。筒《つつ》ずしに使われるたけのこは高知県で黒竹《くろちく》とよばれる真竹《まだけ》のたけのこ。孟宗竹《もうそうちく》が終わり、淡竹《はちく》の時期がすぎて、最後に訪《おとず》れるのがこの黒竹のたけのこ。塩漬《しおつ》けにしておいて一年中楽しむ。取材に訪れたときは、まだ黒竹の時期には早かったので保存《ほぞん》しておいたもので作ってもらった。黒竹はきびなごのだしで煮《に》てある。酢《す》めしには、ごまとしょうがが混《ま》ぜてあるが、山椒《さんしょう》の若芽《わかめ》があれば、それをきざんで混ぜることもある。
また、断面《だんめん》が四角っぽい四方竹《しほうちく》のたけのこで筒ずしを作るところもあるとか。高知県にはほかにも、こんにゃくを油揚《あぶらあ》げのかわりに使ったいなりずしなど、いろいろな種類の田舎《いなか》ずしがある。まさにすし王国だ。その特徴《とくちょう》は酢めしにゆず酢を使うこと。ゆずのさわやかな香《かお》りが楽しく、温暖《おんだん》な高知の雰囲気《ふんいき》が感じられる。

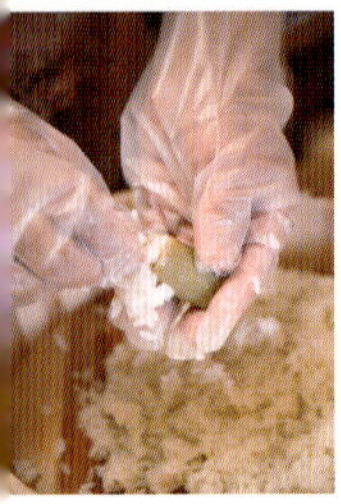

材料と作り方

黒竹《くろちく》のたけのこ　煮汁《にじる》(いりこ　しいたけ　昆布《こんぶ》　しょう油　砂糖《さとう》)　酢《す》めし　白ごま　しょうが

1 黒竹の節《ふし》をとる。
2 生の黒竹は水からゆでる。塩漬《しおづ》けしたものは、一晩《ひとばん》水にさらして塩ぬきする。
3 たけのこを、煮汁で 20 ～ 30 分煮《に》る。
4 じゃこ入りのお酢とゆず酢で酢めしを作る。
5 酢めしに、きざんだしょうがと白ごまを混《ま》ぜて、たけのこの中につめる。

＊酢めしの作り方は60ページを参照。

■じゃこ入りのお酢《す》
きびなごのじゃこの粉（右下）を一晩《ひとばん》漬《つ》けこんだお酢を酢めしに使う。昔はじゃこではなくて、鯖《さば》などの魚を焼いたものでだしをとったそうだ。

■ダムのない四万十川《しまんとがわ》
高知県を大きく蛇行《だこう》して流れる四万十川。ダムのない川としても有名。大水で氾濫《はんらん》することも多く、水中に沈《しず》むことを想定《そうてい》して作られた沈下橋《ちんかばし》がかかる。夏にはおいしい川えびもとれる。

根曲がり竹と鮭《さけ》のすし

すしには見えない、一風変わった姿《すがた》です。
根曲がり竹と塩鮭を食べる料理です。

すしは本来、ごはんで食材を漬《つ》けこみ、時間をかけて乳酸発酵《にゅうさんはっこう》させて作る保存《ほぞん》食《しょく》。漬けこみ期間でなれずしと飯《い》ずしに分けられる。おなじみのにぎりずしは、そのどちらでもない。発酵の風味である酸味《さんみ》のかわりに酢《す》を加えて作った酢めしに具をのせたもので、作りたてを食べるので、早ずしとよばれる。このすしはその早ずしに入る。塩鮭《しおざけ》を酢と酒に一晩《ひとばん》漬けてすくめる（もどすの方言）。根曲がり竹は煮《に》つけておく。それらを少量のもち米の酢めしで合わせてできあがり。三十分もすれば、味がなじんで食べられるが、一晩おいたものが最高。水が出てくるので、保存は二、三日が限度《げんど》とか。食べると、味のしみたもち米のもちもちした歯ごたえと、もち米の甘《あま》みが具材の風味を引き立てている。すしといってもこの料理はおかずでもある。

前日からの下準備《したじゅんび》

前日から根曲がり竹と鮭《さけ》を下ごしらえしておく。根曲がり竹は、昆布《こんぶ》だしにみりん、酒、砂糖《さとう》、塩で味つけして煮《に》て、冷めたら酢《す》を少々加える。鮭はそぎ切りにして漬《つ》け酢《ず》に漬ける。にんじんは根曲がり竹と同様に味つけし、ふき（季節によっては、みずなど）はゆでておく。

材料と作り方

塩鮭《しおざけ》　鮭の漬《つ》け酢《ず》（酢：酒　4：1）　根曲がり竹
もち米　酢めしの合わせ酢（砂糖《さとう》　酢　塩）
ふき　しょうが　にんじん

1 前日に根曲がり竹と鮭の下準備《したじゅんび》をしておく。
2 もち米はふつうのごはんと同様に炊《た》き、炊きあがりに合わせ酢をふり入れて10分蒸《む》らす。
3 酢めしに、鮭、根曲がり竹、ふき、しょうがの千切り、鮭の漬け酢少々を、よくなじませるように混《ま》ぜる。
4 最後に手で押《お》さえて、にんじんをのせる。

＊軽く重石《おもし》をして一晩《ひとばん》おくとよい。

―取材地―
長野県　飯山《いいやま》市

たけのこ汁《じる》

山里の栄養満点のたけのこ料理。
歯ざわりのよいたけのこと、だしが決め手です。

この細いたけのこは、根曲がり竹。歯ざわりも軽く、アクがほとんどないのが特徴《とくちょう》。ここ長野県飯山《いいやま》市のたけのこ汁《じる》は、変わったものを汁のだしに使う。それは缶詰《かんづめ》の鯖《さば》の水煮《みずに》。作ってもらったおばあちゃんの話では、子どものころは、ただ、みそ汁にたけのこが入っただけのものを食べていたという。昔この地域《ちいき》は自給自足の生活だったが、太平洋《たいへいよう》戦争後になると、鯖缶《さばかん》が手に入るようになり、このような汁を作るようになったのだとか。

最近は口がぜいたくになって、さらにだしの素《もと》も入れて作るようになった。そして豚肉《ぶたにく》と卵《たまご》が入り、栄養満点の汁になったという。進化はしたが、根曲がり竹のさわやかで素朴《そぼく》な味わいは昔のまま。そして鯖缶のおいしい食べ方に驚《おどろ》かされた。

料理の手順

■根曲がり竹

竹いっても、チシマザサという笹《ささ》の仲間。茎《くき》の根元の部分が曲がるので、こうよばれている。孟宗《もうそう》のたけのことちがい、かなり生長したものも先の方だけ折れば食べられる。

■とれたての根曲がり竹

これが料理に使われた根曲がり竹。おばあちゃんも感心するほど立派《りっぱ》なものだった。

■鯖《さば》の缶詰《かんづめ》

この地域《ちいき》のたけのこ売り場には、必ず鯖の水煮《みずに》の缶詰がいっしょに並《なら》んでいる。スーパーにも山のように鯖の缶詰が積み上げてあった。

根曲がり竹

根曲がり竹は、山間部に自生する、竹といっても笹《ささ》の一種です。ここ飯山《いいやま》市はもちろんのこと、東北や北海道など寒い地域《ちいき》でよく食べられています。アクがほとんどなく、さわやかな味わいのたけのこです。

外側の皮は固く、皮をむくときにパリパリバリバリとにぎやかな音をたてます。おばあちゃんお得意のじょうずなむき方をおそわりました。むき終わったら、次に節《ふし》ぬきをします。固くて食べにくい節の部分と色の濃《こ》い部分をとりのぞく作業です。包丁を力を入れずに、色の変わりめあたりをめざして軽く切りつけてみます。固いところとやわらかいところの境界《きょうかい》が、包丁を通して手元に伝わってくるので、そこから節の上までをとりのぞく作業です。ここまでが根曲がり竹を食べるための下準備《したじゅんび》です。最終的に食べられるところは全体の半分くらいになるでしょうか。やってみるとなかなか楽しい作業です。

鯖《さば》の水煮《みずに》の缶詰《かんづめ》

ここでは、鯖缶《さばかん》はたけのこ汁《じる》を作るときだけ使うものだとか。海から遠く、川は鉄分が多くてあまり魚がとれないこの地域では、鯖の缶詰は便利なものだったでしょう。保存性《ほぞんせい》の高い缶詰は、最初は明治政府《めいじせいふ》が北海道で大量にとれた鮭《さけ》の保存のために作らせたそうです。当時は高級なものだったといいます。

■たけのこの下処理《したしょり》

1・2 たけのこの頭のところをポキっと折って、そのまま皮を指に巻《ま》きつけるようにしながら、クルクルッとたけのこを回していくと、うまいぐあいに皮がとれる。
3 節《ふし》などの固いところをとりのぞく。
4 とりのぞいた食べられない部分。

材料と作り方

根曲がり竹　鯖《さば》の水煮《みずに》…1缶《かん》　豚肉《ぶたにく》…200g
豆腐《とうふ》…1丁　卵《たまご》…1個《こ》　みそ　だしの素《もと》　砂糖《さとう》

1 根曲がり竹の皮をむいて、固い部分をとりのぞく。
2 鍋《なべ》に下処理《したしょり》したたけのこと水を入れて、火にかける。
3 10分ぐらい煮《に》たら、食べやすい大きさに切った豚肉と、鯖の身をほぐしながら入れる。
4 だしの素とみそ、砂糖少々を入れる。
5 卵を溶《と》き入《い》れて、最後に豆腐を入れる。

笹《ささ》だんご

ごんぼっぱを使った草餅《くさもち》。
笹の葉で包んであるので、保存《ほぞん》がききます。

— 取材地 —
新潟県《にいがた》　栃尾《とちお》
（長岡市《ながおか》）

笹《ささ》の葉《は》にぴっちりと包まれた笹だんご。笹の抗菌《こうきん》作用のおかげで、そのまま置いておいても日持ちのするあんこ入りのだんごだ。三日もたてばだんだんと固くはなるが、十分ほど蒸《む》せばまたできたての味にもどる。昔はどこの家庭でも作られ、作ったときはご近所さんに配った。山仕事や農作業の合間に小昼《こびる》として食べられてきた。

餅《もち》の色は緑色。笹の葉か、よもぎを練りこんだ草餅かと思いきや、〝ごんぼっぱ〟とよばれる〝オヤマボクチ〟の葉を練りこんだもの。できたては、ふわふわとやわらかく、よもぎとはちがう草の香《かお》りが、笹の香りに混《ま》じり合《あ》う。もち粉に米粉（上新粉）を混ぜて作った餅の、すこしぷつんとした歯ごたえが楽しめる一品。

■塩谷川《しおたにがわ》ぞいの田んぼ

栃尾《とちお》は塩谷川、刈谷田川《かりやたがわ》、西谷川《にしだにがわ》と３本の川が流れる水の豊《ゆた》かなところ。葛綿《くずわた》さんの家の近くには塩谷川が流れ、その川ぞいにはおいしい米のとれる田んぼが広がっていた。笹《ささ》だんごに使う米も自家米。

■ごんぼっぱ

笹《ささ》だんごに練りこむごんぼっぱ（写真左）。ごぼうの葉に似《に》ていることからこうよばれているが、山間部に生える オヤマボクチという名の植物。この葉をゆでてきざんで（写真右）餅《もち》に混《ま》ぜる。昔は近くのやぶや田畑のまわりにたくさん自生していたそうだ。今はほとんどないので、栽培《さいばい》している人から買ってくる。

■蒸《む》しあがった笹《ささ》だんご

大きなせいろで一気に蒸しあげる。小柄《こがら》だけど、意外に力持ちな葛綿《くずわた》さん。

日持ちのする、笹《ささ》だんご

笹だんごが日持ちするのは、もちろん合成《ごうせい》保《ほ》存料《ぞんりょう》を使っているのではなくて、包んでいる笹の葉の抗菌《こうきん》作用のおかげです。葛綿《くずわた》さんは、餅《もち》をていねいに笹の葉で巻《ま》いたら、ぎゅっと握《にぎ》りしめながらひもをかけ、中の空気をぬいて餅を笹の葉に密着《みっちゃく》させます。もし笹の葉から餅が顔をのぞいていると、その部分だけがかびてくるのだそうです。

葛綿さんは地元の笹にこだわって、山にとりに行きます。笹の葉は熱を加えると茶色く変色するので、きれいに仕上げるために、前もって色止めの重曹《じゅうそう》で煮《に》ておきます。抹茶色《まっちゃいろ》に仕上がった笹だんごは見た目もおいしそうです。

古来から利用されてきた笹

日本では、古来から笹の葉の抗菌作用を利用してきました。傷《いた》みやすい生の魚を運ぶのに笹の葉を敷《し》いた入れ物を用いたり、笹の葉ですしを巻いたりなど、冷蔵庫《れいぞうこ》などがなかった時代には、大変に役立つものだったと想像《そうぞう》できます。

また、願いごとを書いた短冊《たんざく》をぶらさげる七夕飾《たなばたかざ》りは、笹竹のまっすぐにのびる姿《すがた》と、葉のすれあう音が天に届《とど》くという意味があります。でも、それだけではなく、物を腐《くさ》らせない笹の葉の力に、昔の人は神秘《しんぴ》の力を感じたのではないでしょうか。

ほかの郷土料理

■三角ちまき

笹《ささ》だんごはごんぼっぱのとれる時期しか作らなかった。７月になると、笹の葉に米を入れて三角ちまきを作る。笹だんごも三角ちまきも、昔はどこの家でも作っていたという。

■山形県の三角ちまき、角巻《つのま》き

ちまきといえば、５月の端午《たんご》の節句《せっく》の食べ物として全国各地にある。笹《ささ》でお米を巻いて蒸《む》したりゆでたりしたもので、形は地域《ちいき》によっていろいろだ。山形県置賜《おきたま》地方の角巻きは、栃尾《とちお》の三角ちまきとほとんど同じ形だ。

材料と作り方

もち粉　上新粉(7：3ぐらい)　砂糖《さとう》
オヤマボクチの葉　あんこ　笹《ささ》の葉

1 もち粉とうるち粉を混《ま》ぜて水を加えてよくこねる。
2 ゆでてきざんだオヤマボクチの葉と砂糖を１に練りこみ、一晩《ひとばん》ねかせる。
3 生地《きじ》にあんこを入れてまるめ、笹の葉で包んでひもでしばる。
4 15～20分蒸《む》す。

— 取材地 —
埼玉県《さいたまけん》　小鹿野町《おがのまち》

つとっこ

忙《いそが》しい農作業のあいまに食べた、
栃《とち》の葉でくるんだ小豆《あずき》ごはん。

つとっこは、栃《とち》の葉を利用するめずらしい料理。米と小豆《あずき》を栃の葉で包んでゆでたもので、小鹿野《おがの》地区でしか作られていない。きわめて狭《せま》い地域限定《ちいきげんてい》の郷土《きょうど》料理。作る時期もかなり限定される。時期がおそいと葉が固くなってうまく巻《ま》けないし、早すぎても小豆ごはんが葉にはりついてしまう。

食べてみると、小豆ごはんに栃の葉の香《かお》りが移《うつ》り、素朴《そぼく》な味わい。そのまま食べてもおいしいが、好みで塩やきな粉をまぶして食べる。黒沢《くろさわ》さんのおすすめはごま塩。朴《ほお》の葉で作る人もいるというが、黒沢さんは少し香りが強すぎるといっていた。やわらかな香りの栃の葉のつとっこは、とても品のよい淡《あわ》い味。作るのも楽しい料理だ。

作るのが楽しい料理、つとっこ

「お父さんは、栃《とち》の葉を探《さが》すのがじょうずなんですよ」とお母さん。ちょうどよく生長した栃の葉を探すところから、つとっこ作りがはじまります。ほかに前日の準備《じゅんび》は、米を水にひたしておくことと、小豆《あずき》をやわらかく煮《に》ておくこと。

栃の葉で小豆ごはんを包むのは当日。これがけっこう楽しい作業です。一、二度手ほどきを受けて、何とか自分で包めるようになりました。ひとり、米を一合食べるとして、一人前で四個《こ》。自分の分を包むだけならあっというまです。あとは浮《う》いてこないように重石《おもし》をかけてゆでるだけ。地元の小学校や幼稚園《ようちえん》でも作ったりしているそうです。

こんなときに作られた

毎日、夕飯にうどんを食べることの多かったこの地域《ちいき》では、小豆ごはんのつとっこはごちそうでした。いつでも食べられるというものではなく、田植えや茶摘《ちゃつ》み、おこう上げ(養蚕《ようさん》の作業)など、人に手伝ってもらうときの小昼飯《こじゅうはん》(作業のあいまに小腹《こばら》がすいたときに食べるもの)として、ふるまわれたものです。最近は、作る人もだいぶ減《へ》ってきたようですが、今でも季節になると食べたくなる、季節限定《きせつげんてい》の味なのだそうです。

■つとっこを作る黒沢《くろさわ》さん
年に1回は食べたいと、親戚《しんせき》が集まってみんなでつとっこ作りをする家もあるそうだ。黒沢さんの家では年に2、3回ぐらいは作り、近所にわけたりする。家で作らなくなっても、季節に一度は食べたい郷土《きょうど》の味なのだ。

■栃《とち》の木
大木になる栃の木だが、つとっこに使うには、幼木《ようぼく》など若《わか》い木の葉が適《てき》しているそうだ。実は古くから各地で利用され、渋《しぶ》をぬいてもち米に混《ま》ぜて餅をついた(栃餅《とちもち》については、秋の巻《かん》を参照)。

■つとっこの包み方
1 栃《とち》の葉を2枚《まい》重ねて、その上に小豆《あずき》を混《ま》ぜた米をスプーン2杯《はい》のせる。
2～4 左右をつまんで折りたたみ、葉先、つけ根の方を折り返す。端《はし》が四角くなるようにたたんで、隅《すみ》の方までお米を入れる。
5～9 わらを指で押《お》さえて、3回巻《ま》きつけ、指で押さえていたところにわらをはさみ、最初のわらの先をひっぱる。

1		
8	5	2
9	6	3
10	7	4

材料と作り方

(約25～30個《こ》分)
もち米…5合　うるち米…2合(もち米の25%)
小豆《あずき》…180g　栃《とち》の葉…約60枚《まい》　わら…約30本

1 米をといで一晩《ひとばん》水につけておく。
2 小豆はやわらかく煮《に》ておく。
3 米と小豆の水気をきって混《ま》ぜる。
4 栃の葉を2枚重ねた上に、3をスプーンで2杯《はい》ぐらいのせ、包んでわらでしばる。
5 鍋《なべ》にきっちり並《なら》べて、たっぷり水を入れて50分煮《に》る。必ず湯の中にひたっているようにする。
6 ざるにあげて冷ます。

＊栃の葉は水で洗《あら》うと傷《いた》むので、ぬれぶきんで葉脈にそってふく。
＊小豆のゆで方は58ページ参照。

取材地
神奈川県《かながわけん》　藤沢市《ふじさわし》

しらす丼《どん》

温かいごはんの上に、たっぷりと甘塩のしらすをのせました。

しらすはいわしの子。ここ湘南《しょうなん》のしらすはうまいので有名。早朝しらすをとり、数時間のうちに釜揚《かまあ》げに加工する。漁師《りょうし》で釜揚げなどの加工業も手がける葉山《はやま》さんにしらす丼《どん》を作ってもらった。塩水のみを使い、無添加《むてんか》で仕上げる釜揚げは栄養もあり安全な食材として人気急上昇中《にんききゅうじょうしょうちゅう》。温かいごはんを豪快《ごうかい》にもって、きざみ海苔《のり》と釜揚げしらすをたっぷりのせ、ぱらりときざみねぎをかけてできあがり。

「昔の漁師はなんでも酢《す》みそで食べた。生のしらすや刺《さ》し身《み》はもちろん、野菜も酢みそ。俺《おれ》はいまでも酢みそだよ。でも釜揚げはしょう油だな」。たしかに釜揚げの香《かお》りがふわりと漂《ただよ》う。ほおばれば、口一杯《くちいっぱい》に広がるしらす本来の甘《あま》さとうま味。フワフワしたかみごたえがやさしい一品。

湘南《しょうなん》のしらす漁《りょう》

朝五時、江ノ島《えのしま》のわき、片瀬《かたせ》漁港を出発。漁場は近くの鵠沼《くげぬま》海岸。サーフィンを楽しむ人たちのすぐ沖《おき》で、漁が行われます。漁は、魚群探知機《ぎょぐんたんちき》でしらすの集団《しゅうだん》を探《さが》し、改良した自慢《じまん》の網《あみ》でとりかこみます。船をゆっくりと前進させて網をすぼめ、しらすを網の突端《とったん》に追いこみます。そしてウインチで網を引き上げるのです。一回の網に十五分。今日《きょう》の一番網は六時でした。とれたしらすは傷《いた》まないように、ざるに流し入れ、すぐに氷を混《ま》ぜて大きなクーラーバッグにしまいます。船は九時に一度、漁港にもどり、さっと加工場の車に積みこんで、また漁へともどっていきます。傷みの早い魚なので、時間との勝負なのです。

しらすは、黒潮《くろしお》にのって回遊するいわしの稚魚《ちぎょ》です。静岡沖《しずおかおき》で年に四回産卵《さんらん》し、それが孵化《ふか》して稚魚となり、その一部が、潮《しお》にのって湘南に流れ着いたものだといわれています。

釜揚《かまあ》げしらす

加工場では、届《とど》いたしらすをすぐに塩水で洗《あら》います。そして濃《こ》さを調整した塩水で一分間ほどゆでて水気を切り、冷まします。海の魚全般《ぜんぱん》にいえることですが、真水は御法度《ごはっと》、鮮度《せんど》と味を落とすとのこと。大きめのしらすは、干《ほ》してちりめんじゃこに加工されます。板海苔《いたのり》のように漉《す》いたたたみいわしも、昔からの味です。

江ノ島《えのしま》の日の出

しらす漁《りょう》は日の出前に出発。

漁《りょう》のようす

海の中の小さなしらすだけ、どうやってとるのだろう。網《あみ》の目が大きいものから３段階《だんかい》にだんだん小さい目になっている。うまいぐあいにチャックをあければザアッとしらすが出てくるという仕掛《しか》けだ。すぐに氷で冷やす。

しらすの釜揚《かまあ》げ

最新式の釜揚げ機で、1、２分後にはもう扇風機《せんぷうき》の下。

ほかの食べ方

たたみいわし

しらすを板状《いたじょう》に干《ほ》したもの。さっとあぶって食べるとおいしい。

生しらす

最近は、漁《りょう》の方法などがよくなったので、生のしらすも食べられるようになった。これは漁師仕込《りょうしじこ》みの酢《す》みそで。

かんたん！作ってみよう

材料と作り方

釜揚《かまあ》げしらす　ごはん　きざみ海苔《のり》　ねぎ　しょう油

1 ごはんの上に、釜揚げしらすをたっぷりとのせて、きざみ海苔、きざんだねぎをのせる。

2 食べるときに、しょう油や酢《す》みそなど、好きな味つけで。

酢みそで

地元の漁師《りょうし》さん流に、酢みそをかけて食べるのもまたひと味ちがっておいしい。ぜひこれも試してほしい。

＊酢みその作り方
酢、みそ、砂糖《さとう》を鍋《なべ》に入れて弱火にかけながらよく混《ま》ぜる。味をみながら好みの味に。

おやき

小麦粉の皮に野菜をたっぷり包んであります。
昔は囲炉裏《いろり》で焼きました。

― 取材地 ―
長野県　中条
（長野市）

あちらこちらでよく見かけるおやき、いまや田舎風《いなかふう》おやつの代表格《だいひょうかく》。もともとは長野県北部の郷土《きょうど》料理で、昔はやきもちとよばれ、おやつではなく、夕ごはんとして食べられていた。昔はどこの家にも囲炉裏《いろり》があり、「ほうろく」とよばれる鉄製《てっせい》の鍋《なべ》で表面を焼《や》き固《かた》め、熱い灰《はい》の中にうめてじっくりと焼く、灰焼《はいや》きという方法で作られていた。具は、季節の野菜ならなんでもいい。小麦粉は貴重《きちょう》だが、野菜は畑にいくらでもあるという土地柄《とちがら》から、昔からおやきは具だくさん。中身の野菜を食べている感じだ。

野菜がとれない時期は、保存《ほぞん》している切《き》り干《ぼ》し大根や漬《つ》け物《もの》で。この地域《ちいき》では、夏でも囲炉裏の火は絶《た》やさないので、一年中焼いて食べていた。灰焼きのおやきは皮が香《こう》ばしく、中の野菜は蒸《む》し焼《や》き状態《じょうたい》で、とろりとした口当たりがすばらしい。いまではこの地でも囲炉裏のある家が少なくなり、灰焼きのおやきは貴重《きちょう》な存在《そんざい》になってきている。

家庭で作るおやきの手順

1 野沢菜《のざわな》のおやき
野沢菜の漬《つ》け物《もの》でもいいが、地元では畑からとってきた生の葉をゆでて使う。

2 灰焼《はいや》きのめしやきもち
具の野菜がないときは、自家製《じかせい》のみそを入れて。シンプルなおいしさだ。

3 かぼちゃのおやき
生のかぼちゃを千切りにし、みそと油で和《あ》える。みその代わりに塩味もおいしい。

4 蒸《む》したおやき
せいろや蒸し器で蒸すのも簡単《かんたん》だ。焼いたおやきとは、ちょっとちがう味わいになる。

大根のおやき
切《き》り干《ぼ》し大根のおやきは有名だが、地元では大根がとれる時期は生の大根で作る。具はたっぷりと。皮をのばしてじょうずに包む。

めしやきもち

めしやきもちは、昔、残り物のごはんを無《む》駄《だ》にしないようにと、小麦粉にごはんを混《ま》ぜて作ったおやきです。小麦粉とごはんの歯ごたえのちがいが楽しめる一品です。昔は焼きあがったおやきを囲炉裏《いろり》の隅《すみ》にうめて、保温《ほおん》しておいたとか。子どもたちは学校から帰ると、灰《はい》の中のおやきを探《さが》し出して食べたそうです。

今のおやきは、蒸《む》したり焼いたり

囲炉裏がなくなった現在《げんざい》でも、おやきは家庭で作られています。「ごはんが毎日続くと、どうしても粉《こな》もの（小麦粉を使った料理）が食べたくなる。この辺では、すいとんは最近のもの。やっぱり、おやきじゃないと」。ここでは、おやきはなくてはならない料理なのです。そしてじつは、ここの地粉《じごな》（地元産の小麦粉）は、おやきにぴったり。もちもちで風味がよく、市販《しはん》の粉ではこうはいかないでしょう。しかし残念ながら、最近、地粉は貴《き》重《ちょう》になってきているそうです。今のおやきは、せいろで蒸《む》したものと、ホットプレートなどで焼いたものがあり、味わいはそれぞれ異《こと》なります。どちらがおいしいかは好みです。しっとりしてもちっとしたものが好みなら蒸したもの。香《こう》ばしさとしっかりとした歯ごたえなら焼いたものでしょうか。食《た》べ比《くら》べてみるとおもしろいと思います。

野沢菜《のざわな》
葉や茎《くき》を漬《つ》けた野沢菜漬けが有名。かぶの一種で、このかぶも食べられる。おやきのふるさとは標高が高いので朝晩《あさばん》の冷えこみが野沢菜をおいしくするそうだ。

かんたん！作ってみよう

材料と作り方

小麦粉300ｇ　水1カップ
具（野沢菜《のざわな》などの青菜　大根　かぼちゃ）
みそ　サラダ油

1 小麦粉に水を加えて耳たぶくらいの固さに練り、30分～1時間寝《ね》かせておく。
2 野沢菜はゆでてきざむ。大根は太めの千切りにしてさっとゆがく。かぼちゃは生のまま千切りに。
3 野菜はそれぞれ、みそと少量のサラダ油で和《あ》える。
4 具をそれぞれ1の生地《きじ》で包んで、ホットプレートなどで両面焼く。ふたをして蒸《む》し焼《や》きにするとよい。

＊具の野菜は、なす、きのこなども。ほかにあんこを入れてもいい。

— 取材地 —
和歌山県　熊野川町《くまのがわちょう》
（新宮市《しんぐう》）

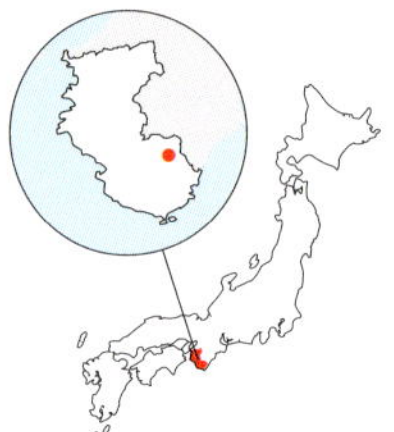

めはりずし

大きな高菜《たかな》の漬《つ》け物《もの》で巻《ま》いたおにぎりです。
昔は、山仕事に持って出かけました。

大きなめはりずし

めはりずしは、漬《つ》け物《もの》で巻《ま》いたおにぎりだ。「昔のめはりは大きかったよぅ。山仕事に二つくらい持っていってさ。腹《はら》いっぱいになる大きさに作ったんだもの」。めはりずしは大きくて、目を見開いてかぶりついたので、こうよばれるようになりました。それも昭和《しょうわ》二十（一九四五）年くらいまでのことだったとか。

当時は中身のごはんの量にあわせて高菜《たかな》漬《づ》けも味が濃《こ》かったそうです。この昔ながらの高菜漬けは、しょう油をしぼった粕《かす》（もろみ）に漬けこんだもの。古《ふる》漬《づ》けになった高菜は匂《にお》いもきつく、「山ならいいけど、これを持って電車やバスに乗るのはちょっと……」と取材した竹田《たけだ》さんはいいます。

最近のめはりずし

いつからか、めはりずしを熱々のごはんで作って、温かいうちに食べるようになりました。大きさも小ぶりになって、食べやすい大きさに。しょっぱかった高菜漬けも薄味《うすあじ》になり、最近は、塩漬けにした高菜を水洗《みずあら》いして使います。そして酢《す》じょう油につけて食べるように変化しました。酢じょう油につけると、おにぎりがちょっとすしっぽいかなあ、というぐらいの味わいに。

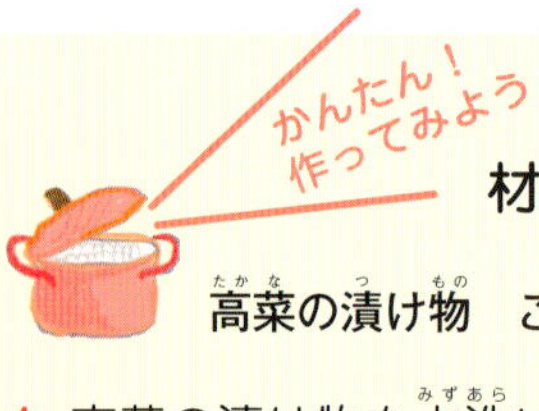

材料と作り方

高菜《たかな》の漬《つ》け物《もの》　ごはん

1 高菜の漬け物を水洗《みずあら》いして、ポン酢《ず》かしょう油につける。

2 おにぎりを１の高菜の葉で巻《ま》く。

＊高菜の茎《くき》の部分をきざんでごはんに混《ま》ぜてもいい。

■高菜《たかな》の古漬《ふるづ》け

高菜を塩漬けにして、しょう油のしぼり粕《かす》で本漬けをしたもの。塩漬けだけだと、時間がたつと色も黒くなって味も落ちるそうだ。これは一年ほど前に漬けたもの。

■熊野川《くまのがわ》と熊野の山々

めはりずしは、このあたりの山里のお弁当《べんとう》だった。

―取材地―
奈良県《なら》　下市町《しもいちちょう》
（吉野郡《よしの》）

おかゆさん

おいしい水があふれる吉野杉《よしのすぎ》の里で食べ続けられてきた一品です。

かわいらしい名前のおかゆさんは、お茶で炊《た》いたおかゆのこと。ふわりとお茶の香《かお》りがただよい、やわらかな渋《しぶ》みでさっぱりとする。素朴《そぼく》でどこかなつかしい味だ。水の豊《ゆた》かな吉《よし》野《の》では、昔から毎日食べ続けてきた。専用《せんよう》の粉状《こなじょう》の番茶もあり、これを「ちゃんぶくろ」とよぶ木綿《もめん》の袋《ふくろ》に入れて、しっかりと煮《に》だす。そして、強火で絶《た》えずかき混《ま》ぜながら生米《なまごめ》から炊きあげる。ふつふつと弱火で炊く白粥《しらがゆ》がどろんとするのとちがい、お米をさらっと仕上げるためだ。

「昔は薪《まき》を使い、大きな鉄鍋《てつなべ》で炊いていたので、じょうずに炊くのがむずかしかった。今は、ふだんはガスレンジで圧力釜《あつりょくがま》を使って炊いています。煮だしたお茶とお米を入れて火にかけ、蒸気《じょうき》が出てきたら止めて十分。最後に粘《ねば》りを出すためにしっかりと混ぜるだけです。毎日のことだから、便利になりました。でも体が芯《しん》から温まるので、お風呂《ふろ》はまだ薪も使っています」。やさしく微笑《ほほえ》む日浦《ひうら》さん。ここ吉野では、時間がゆったりと流れているように思えた。

料理の手順

■吉野《よしの》の番茶

この地域《ちいき》でふだん飲んでいる番茶。右の粉になっているもので茶がゆを作る。

■きゅうりの古漬《ふるづ》け

おかゆさんにはこれがいちばん合う、といって出してくれたきゅうりの古漬け。一度塩漬けしてからぬかに漬けたもの。しっかり重石《おもし》がしてあるので、ぺっちゃんこだ。

材料と作り方

番茶…8g
米（2人分で1合ぐらい）　塩

1. 番茶を茶袋《ちゃぶくろ》に入れてよく煮《に》だす。
2. 鍋《なべ》から茶袋をとりだして、といだ米を鍋に入れる。
3. 強火で沸騰《ふっとう》させて、かき混《ま》ぜながら15～20分ぐらい炊《た》く。
4. 最後に塩をひとつまみ入れる。

＊大きめの鍋を使うこと。

ここが知りたい調理のポイント

和《あ》える

春の山菜料理を見ていても、たくさんの和《あ》え物《もの》があります。ごま和え（5ページ）、酢《す》みそ和え（9ページ）、切り和え（5、12ページ）など、この本でもいくつか紹《しょう》介《かい》しています。和えるという調理方法は、日本の料理の中でも多種多様。組み合わせしだいで、食感、香《かお》り、色《しき》彩《さい》など、食べる楽しみも倍増《ばいぞう》します。野菜をゆでて水気を切り、食べやすく切ったら、和《あ》え衣《ごろも》で和えるだけ。手軽にできて、食べるのも、作るのも楽しい料理です。

和え物を作るときのポイントは、ゆでた野菜の水気をよく切ること。準備《じゅんび》だけしておいて、食べる直前に和えること。和えておいておくと、よく水気を切ったようでも、しだいに水が出てしまいます。

混ぜて作る和え衣

混《ま》ぜ合《あ》わせるだけで、簡単《かんたん》に和《あ》え衣《ころも》（和え物のたれ）ができる。甘《あま》さや辛《から》さは、味見をしながら好みの味に。

代表的なものの調味料の組み合わせ

- **酢《す》みそ和え**　みそ＋砂糖《さとう》＋みりん＋酢《す》
- **からし和え**　からし＋しょう油
- **からしみそ和え**　からし＋白みそ＋砂糖＋酢
- **木の芽和え**　山椒《さんしょう》の若芽《わかめ》＋白みそ＋砂糖＋みりん
- **梅肉《ばいにく》和え**　梅干《うめぼ》し＋みりん＋砂糖＋しょう油

すって和える

和《あ》え物《もの》の代表はごま和え。ごまを炒《い》って、すり鉢《はち》ですったものに、砂糖《さとう》、みそ、しょう油などで味をつけて和えたもの。手軽に作るには、練りごまを使うとよい。

ごま以外にすりつぶして和《あ》えるもの

- **くるみ和え**

  日本では昔から山間部でよく食べられていた。
- **えごま（じゅうねん、あぶらえ）和え**

  フライパンで炒《い》ってからする。焦《こ》げやすいので、数粒《つぶ》パチパチとはねたら火からおろす。すり鉢《ばち》でよくすると、ねばりが出る。
- **ずんだ（枝豆《えだまめ》）和え**

  枝豆をゆでて、豆の薄皮《うすかわ》をとってつぶしてする。砂糖《さとう》で味つければ、あんこのように、塩で味つければ、さっぱりと食べられる。色がにごるので、みそ、しょう油を使わないのが一般的《いっぱんてき》。

白和え　しらあえ

豆腐《とうふ》を使った和《あ》え物《もの》。豆腐をゆがいて、軽く重石《おもし》などをして水気をよく切る。水気を切った豆腐とすりごま、砂《さ》糖《とう》、塩、しょう油などをよくすりあわせたものを和え衣に。薄口《うすくち》しょう油を使えば、色がきれいに仕上がる。和える具材は、好きな野菜のほか、こんにゃくやひじきを入れてもよい。

- 具材に下味をつけてから和えるのがポイント。

切り和え

「あかざの切《き》り和《あ》え」（5ページ）、「うこぎの切り和え」（12ページ）など、「切り和え」という言葉をはじめて聞く人も多いのではないだろうか。「切り和え」は言葉どおり、切りながら和えていく、という調理法で、ゆでた野菜などと、みそ、くるみなどを包丁できざみながら和えていくもの。まな板の上で調理がすんでしまう便利な調理方法でもある。山形県でよく作られている。

- みそは、木べらにつけて火であぶるか、12ページのようにトースターで焼くなどすると香《こう》ばしくなっておいしい。

参考　新潟県《にいがた》にも「切り和え」という料理があるが、こちらは大根のみそ漬《づ》け、ゆずの皮、黒ごまなどを細かくきざんで和えたもの。

ここが知りたい調理のポイント

味つけと分量

この本で紹介《しょうかい》している料理は、それぞれの地域《ちいき》のぞれぞれの家庭で、昔から食べられてきたものです。郷土《きょうど》料理とは家庭料理です。同じ地域の同じ料理でもとなりの家ではちがう味つけだったり、ちがう素材《そざい》の組み合わせだったりします。いってみれば、ひとつひとつの料理に決まったレシピがあるわけではないのです。

多くの方が、「分量なんて計ったことがないわ。適当《てきとう》よ」といいながら料理を作ってくれました。いつも同じ味にできるわけではありませんが、それでも、その地域の料理があり、その家ならではの味になるのです。そこには、長年のカンもあるかもしれません。でも、「今日《きょう》はちょっと辛《から》かったわね」「今日のはちょっと味が薄《うす》すぎたね」などといいながら、みんなでわいわいごはんを食べる楽しみもあるのではないでしょうか。

また、味には好みがあります。甘《あま》い味つけが好き、薄《うす》味《あじ》がいい、しっかり味つけした方が好きなど、人それぞれです。

各料理の「材料と作り方」の分量はあくまでも目安です。なかには作り方に分量の書いていないものもあります。味つけのときのポイントを簡単《かんたん》にまとめておきますので、参考にして、自分の好みの味つけにしてください。多少の失敗は成功のもとです。今度はもう少し砂糖《さとう》をへらしてみよう、などと、食べながら次回の味つけを考えるのも楽しいと思います。

できあがりをイメージしよう

素材《そざい》はまちまち

料理を作る材料の状態《じょうたい》もさまざまです。大根は大根でも、甘《あま》みがあったり、辛《から》みが強かったり、水分が多かったり少なかったり、とれた地域《ちいき》、大根の種類などによっても異《こと》なります。魚でも、そのとき手に入ったものの大きさによっても、時期によってもちがってきます。

全体の分量とできあがりを考える

分量どおりに作ってみようと考えることよりも、自分たちがどのくらい食べるかを考えることの方が大切です。たとえば、何種類かの野菜を使うとき、だいたい全部でどのくらいになるのか、細かく切る前に使う材料をそろえて見てみましょう。食べる人数を考えて、多いかな、とか、もっと食べられそうかな、とか、最初に材料を見ながらでき上がりをイメージしてみましょう。

味つけのポイントは味見

基本《きほん》の調味料……みそ、しょう油、砂糖《さとう》、塩、酒、みりん、酢《す》　など

調味料は地域《ちいき》によって、家庭によって味がちがいます。たとえば、みその種類はほんとうに各地ぞれぞれですし、しょう油の味も関東と関西、さらに九州ではぜんぜんちがいます。ということは、分量どおりに作っても、けっして同じ味にはなりません。同じ味を作ることよりも、自分なりのおいしさを見つけましょう。自分なりの味つけにするポイントは味見をすることです。

しょう油や塩、みそなどは入れすぎてしょっぱくなってしまったら、あともどりできません。少なめに入れて、途中《とちゅう》でなんども味をみながらたしていきましょう。でき上がりのときに最後にもう一度味をみて、薄《うす》いなと思ったら塩をたす。そのぐらいに考えて、少し薄めに作っていくとよいでしょう。味見をしたときに、少し薄いかな、と思うぐらいの塩加減《かげん》に仕上げると、食べるときに最後までおいしくいただけます。

- ポイント 1　みそ、しょう油、塩は、最初は少なめに。
- ポイント 2　途中《とちゅう》で味をみて薄《うす》かったらたす。
- ポイント 3　最後にもう一度味をみて調《ととの》える。
- ポイント 4　煮物《にもの》などは、最初にだしや調味料などを合わせ、煮汁《にじる》を作ってから煮ていくと作りやすい。

調理をするときに注意すること

- 料理をするときには、おとなの人といっしょにやりましょう。
- 包丁の持ち方、切り方に気をつけましょう。
- 火を使うときは、火のそばからはなれないようにしましょう。
- 火を消すときは、完全に消えたかどうか確認《かくにん》しましょう。
- 調理器具は、それぞれの使い方に従《したが》って、正しく使いましょう。

くわしい材料と作り方について

▼ おひたしの作り方 （5・7ページ）

1 山菜や野菜は水洗《みずあら》いして、根元をそろえる。
2 鍋《なべ》に、たっぷりの水に塩をひとつまみ入れて沸騰《ふっとう》させる。
3 十分に沸騰した湯に、山菜や野菜を入れる。ほうれんそうなど葉物の野菜は、固い根元の方から順にゆっくりと入れる。
4 全体がしんなりしたら、引き上げて冷水にはなつ。好みや食材によって、固さを調整するとよい。
5 水の中でそろえてひきあげ、水気をしぼって切る。

▼ わらびのアクぬき （5ページ）

わらびは必ずアクぬきをして食べましょう。
1 根元の固いところをとる。折ってみてポキンと折れるところから先を食べる。
2 熱湯に重曹《じゅうそう》（2ℓの湯に小さじ ½）を溶《と》かし、わらびがひたひたになるぐらいかける。または、わらびに木灰《きばい》をふりかけて、その上から熱湯をかける。
3 そのまま７～８時間おく。
4 わらびを洗《あら》い、きれいな水にさらしておく。

▼ 干《ほ》しぜんまい （7ページ）

もどし方

1 干しぜんまいを水で洗《あら》い、鍋《なべ》に入れて水をひたひたに入れ火にかける。沸騰《ふっとう》する直前に火を止め、ふたをして冷めるまでおく。
2 冷めたら水を捨《す》て、50℃ぐらいの湯を入れる。湯が冷めたら捨ててまた新しい湯につける。一日に３～４回ぐらい湯をとりかえて、二日間かけてもどす。

＊ぜんまいのもどし方には、このほかにもいろいろあるが、浸《ひた》している水をとりかえてアクをぬくのがポイント。アクがぬけないと苦みが残る。

ぜんまいの煮物

1 もどしたぜんまいを適当《てきとう》な長さにきざんで、しょう油、砂糖《さとう》、だし汁《じる》を入れて、味がしみるまで煮《に》る。

＊油揚《あぶらあ》げを入れて煮たり、炒《いた》め煮《に》にしたりする煮方《にかた》もある。

▼ つとっこの小豆《あずき》のゆで方 （48ページ）

1 小豆は水から火にかけ、赤い色が出てきたら、一度ゆでこぼす。
2 鍋《なべ》にたっぷりの水を入れて、沸騰《ふっとう》しないように、弱火でゆっくりゆでる。
3 つまんでみて、やわらかくなるまでゆでる。だいたい30分ぐらい。

▼ 桜《さくら》えびのかき揚《あ》げ （29ページ）

1 小麦粉に水を加え、さっくり混《ま》ぜて衣《ころも》を作る。
2 桜えびに青ねぎの小口切りを混ぜ、小麦粉を少々まぶす。
3 2に衣を少量混ぜて、1個分《こぶん》ずつまとめながら、油で揚げる。

＊衣は少なめに揚げる。
＊油の温度は170～180℃ぐらい。
＊干《ほ》した桜えびでかき揚げを作るときは、カサが少ないので、玉ねぎを入れる。玉ねぎの甘《あま》さが、桜えびの香《こう》ばしさによく合う。

▼ 身欠きにしんについて （8・14ページ）

身欠きにしんとは、にしんの干物《ひもの》。腹《はら》の身をとってあるところから、身欠きとよばれるようになったといいます。江《え》戸《ど》時代から、北海道の松前藩《まつまえはん》から幕府《ばくふ》へ献上されていた伝《でん》統《とう》ある食材。身欠きにしんは、北前船《きたまえぶね》で東北各地や京都などへ運ばれ、保存《ほぞん》がきくので、山間部の貴重《きちょう》なタンパク源《げん》として食べられてきました。海のない地域《ちいき》で身欠きにしんを使った料理がたくさんあるのは、このためです。

最近では身欠きにしんには、本乾《ほんかん》のほかに、八分干《はちぶぼし》、ソフトなど、干し加減《かげん》によって種類があります。昔からある本乾（本干《ほんぼし》）はよく干してカラカラになっているので保存性《ほぞんせい》が高く、しっかりもどしてから使います。八分干は本乾の少し手前まで干したもの。ソフトは一夜干《いちやぼ》し程度《ていど》のもの。

身欠きにしん（本乾）のもどし方

1 身欠きにしんは、表面が油焼けしていることもあるので、タワシでこすりながら水でよく洗《あら》う。
2 米のとぎ汁《じる》に一晩《ひとばん》つける。
3 よく洗い流してから、調理する。
4 一晩つけたものを、さらに番茶で煮てから調理する場合もある。

▼ たけのこ

たけのこのアクぬき （37・39・41ページ）

1 外側の皮を２～３枚《まい》むき、あとの皮はそのまま残して頭の部分を少し斜《なな》めに切り落とす。包丁で、身の部分に届《とど》くぐらいまで、たてに切れめを１本入れる。
2 根元の部分の赤いボツボツしたところは包丁で落とす。
3 大きな鍋《なべ》にたけのこと、かぶるぐらいの水を入れる。
4 鍋に米ぬかをひとにぎりと、唐辛子《とうがらし》を１～２本入れて火にかける。
5 煮《に》たったら、たけのこが浮《う》かないように落としぶたをして、１時間ほどゆでる。
6 根元の部分に竹ぐしを刺《さ》して、スーッと通るようになったら火をとめ、そのまま冷めるまでおく。

＊米ぬかがないときは、米のとぎ汁《じる》でもよい。

若竹煮（わかたけに） （37ページ）

1 下ゆでしたたけのこを、根元の方は 1.5cm ぐらいの輪切り、先の方はくし形に切る。
2 濃《こ》いめのだし汁《じる》に薄口《うすくち》しょう油、砂糖《さとう》、塩を入れて味を調《ととの》え、たけのこを入れて弱火で約 30 分煮《に》る。
3 最後にわかめを入れて、ひと煮《に》たちさせる。

たけのことわかめのかき揚げ （37ページ）

1 下ゆでしたたけのこを5mm厚《あつ》さぐらいの拍子《ひょうし》切《ぎ》りにする。
2 乾燥《かんそう》わかめとたけのこを混《ま》ぜ、衣《ころも》をつけて油で揚《あ》げる。

たけのこの佃煮（つくだに） （37ページ）

1 下ゆでしたたけのこを、小さめに切る。
2 鍋《なべ》にたけのこ、だし汁《じる》、しょう油、酒、みりん、実山椒《みざんしょう》を加えて火にかける。弱火でときどき混《ま》ぜながら水分がなくなるまで煮《に》る。

干したけのこのもどし方 （39ページ）

1 熱湯に２時間ほど浸《ひた》す。または、ぬるま湯に一晩《ひとばん》（5～6時間）つける。
2 たけのことたっぷりの水を鍋《なべ》に入れ、弱火でやわらかくなるまで（1～2時間ぐらい）ゆでる。圧力鍋《あつりょくなべ》の場合は、沸騰《ふっとう》したら弱火にして 20 分ぐらい。
3 火を止めて、そのままゆで汁《じる》が冷めるまでおく。
4 適当《てきとう》な大きさに切り、水でもみ洗《あら》いしてにごりをとる。

▼ ごはんの炊《た》き方《かた》（26・37 ページ）

ふだん食べている白いごはんは、精米《せいまい》して、米粒《こめつぶ》のまわりのぬかや胚芽《はいが》をきれいにとりさった白米を炊《た》いたものです。きれいにとりさったといっても、米粒にはぬかの成分が残っています。おいしいごはんを炊くには、このぬかの成分をとることが大切です。

「米をとぐ」とは、米粒に残ったぬかの成分を、米と米をこすりあわせることでとりのぞくことをいいます。現在《げんざい》は、昔に比《くら》べて精米の技術《ぎじゅつ》がよくなって、昔ほどぬかの成分は残っていません。それでも、米をとぐと水が白くなるのはこのぬかの成分が残っているからです。ぬかや胚芽には栄《えい》養分《ようぶん》がふくまれていますので、栄養を考えるのならば、七分づきや胚芽米などを食べるとよりよいでしょう。

米を計る

米を計る単位　1 合＝ 180mℓ　10 合＝ 1 升《しょう》

◆米と水は毎回同じような計り方で、きっちり計る。
少しのちがいで、炊《た》きあがりが変わってくるので、いつも同じように計っていれば、調節がしやすい。

水の分量

基本《きほん》（ふつうのごはん）	米の 2 割増《わりまし》
炊《た》きこみごはん	水＋調味料＝米の 2 割増
酢《す》めし	米の 1 割増

・新米は米の水分量が多いので、水は少なめにする。

米のとぎ方

1 水を入れてさっと洗《あら》い、米にぬかくささを吸《す》いこませないように、最初の水はすぐに捨《す》てる。
2 米は、力を入れすぎて割《わ》らないように気をつけてとぐ。
3 水を入れて軽くかき回し、にごり水を捨てる。
4 水が澄《す》んでくるまで、4、5 回ほど 2 と 3 をくりかえす。（完全に水が澄むまでとぐ必要はない。）
5 ざるにあけて、30 分以上おく。
6 分量の水をきっちり計って炊飯器《すいはんき》に入れる。

・炊飯器を使って炊く場合は、水量線を使い、それぞれの器具の取《と》り扱《あつか》い方法にそって炊《た》く。
・無洗米《むせんまい》はとがずに分量の水に 30 分以上つけてから炊くとよい。
◆米の品種のほか、さまざまな条件《じょうけん》のちがいで、炊きあがったごはんの固さにちがいが出てくる。米を炊くときの水の分量はあくまでも目安。まず基本《きほん》の水量で炊いてみて、好みの固さに炊きあがるかどうかをみてみよう。もっとやわらかい方がいいとか、固い方がいいとか思ったら、次に炊くときに水の分量を加減《かげん》してみよう。
また、米をといだあと水をよく切って分量の水につけて吸水《きゅうすい》させる方法もあり、炊きあがりが少しちがってくる。米の炊き方にはいろいろな方法があるので、使っている炊飯器《すいはんき》などで、どのやり方が一番いいか試してみよう。

「ふき俵（だわら）」（19ページ）の大豆ごはんの炊き方

・うるち米、もち米、大豆《だいず》をあわせた分量に対して、ふつうのごはんを炊《た》くのと同じ水の分量（2 割増《わりまし》）で炊《た》く。
・もち米を混《ま》ぜずに、うるち米（白米）だけでもよい。それぞれの家によって、もち米を入れる割合《わりあい》も異《こと》なる。

・うるち米とは、ふだん食べている米のこと。
・もち米は餅《もち》をつくときの米。ふかして作る赤飯などのおこわはもち米を使う。おこわをふかす場合は、もち米を一晩《ひとばん》水に浸《ひた》しておく。

▼ 酢《す》めしの作り方（23・42 ページ）

水の分量　米の 1 割増《わりまし》　だし昆布《こんぶ》
合わせ酢　（米 4 合に対しての目安　酢…½ カップ　砂糖《さとう》…大さじ 4　塩…大さじ ½）
＊合わせ酢は好みで砂糖の量を調整する。

1 米をといで、分量の水に 1 時間ぐらいつけて吸水《きゅうすい》させてから炊《た》く。このとき、だし昆布をいっしょに入れておくと風味がよくなる。
2 酢を切る（合わせる）飯台《はんだい》と木しゃもじは、あらかじめ水で湿《しめ》らせてからよぶんな水分をふきとっておく。
3 ごはんが炊きあがったら 10 分蒸《む》らす。
4 飯台にごはんを移《うつ》して、熱いうちに合わせ酢をまんべんなくかけまわして、しゃもじで切るように混《ま》ぜる。うちわなどであおいで、急いで冷ます。

酢の種類

酢には米酢、穀物酢《こくもつす》、果実酢などがあるが、酢めしには、米酢が適《てき》している。

高知県では、酢めしにゆず酢を使うことが多い（42 ページ）。ゆず酢は、ゆずの実をしぼったもの。ほかに山口県の萩《はぎ》市などでは、夏みかんやだいだいの絞り汁《じる》をみかん酢として酢めしに利用したりする。ゆず酢やみかん酢などを使うと、風味豊《ゆた》かな酢めしができる。

▼ だしのとり方

だしには、昆布《こんぶ》だし、かつおだし、いりこだし、また一番だし、二番だし……などいろいろあります。ここでは一般《いっぱん》的《てき》なだしのとり方を紹介《しょうかい》します。

昆布の種類、かつお節《ぶし》、煮干《にぼ》しの質《しつ》などによってだしの出方が異《こと》なるし、それぞれの好みもあるので、ここにあげた分量はあくまでも目安。うまくだしが出ないときは、昆布、かつお節、煮干しなどの分量を増《ふ》やしてやってみましょう。

昆布とかつお節のだし （17・27 ページ）

最初にとるだしを一番だしという。一番だしをとったあとのかつお節《ぶし》で、もう一回だしがとれる。これを二番だしという。

▶ 一番だし

水…3½ カップ
　（これでだいたい 3 カップのだしがとれる）
だし昆布《こんぶ》…10cm 角ぐらい
かつお節《ぶし》…15g（たっぷりひとつかみぐらい）

1 鍋《なべ》に分量の水と昆布を入れて火にかける。
2 沸騰《ふっとう》する直前に昆布をとり出す。
3 沸騰してアクが浮《う》いてきたらとる。
4 火を弱めて、かつお節を入れ、すぐに火を止める。
5 30 秒ぐらいおいて、ざるでこす。雑味《ざつみ》が出るのでかつお節はしぼらないように。

▶ 二番だし

水…2½ カップ（一番だしの水の 6 ～ 7 割《わり》ぐらいの分量）
一番だしをとったかつお節《ぶし》と昆布《こんぶ》
かつお節…軽くひとつかみ（5 ～ 7g）

1 鍋《なべ》に分量の水と、一番だしをとったあとのかつお節と昆布を入れて火にかける。
2 沸騰《ふっとう》したら、新しいかつお節を加え（これを追いがつおという）、5 分ぐらい中火で煮《に》たてる。
3 火を止めて、さらに 5 分ほど置いてからざるでこす。
4 少し冷めたら、だしをとったかつお節をよくしぼる。

昆布だし

昆布《こんぶ》だけでとるだし。だしのとり方にはいくつかやり方がある。

　水…3 カップ　　　昆布…10cm 角ぐらい

A 水に昆布を入れて 2 時間以上（できれば一晩《ひとばん》）つけておく。
B 昆布を 30 分ほど水につけてから火にかけて、沸騰《ふっとう》する直前に火を止めて昆布をとり出す。

＊A の方法で一晩おくとよいだしが出る。また、昆布を水に入れて冷蔵庫《れいぞうこ》で保存《ほぞん》すると、2 ～ 3 日（冬場は 4 ～ 5 日）はもつので便利。

煮干し（いりこ）だし

　水　煮干《にぼ》し　（分量は適宜《てきぎ》）

1 雑味《ざつみ》の少ないきれいなだしをとりたい場合は、煮干しは頭と腹《はら》をとる。
2 鍋《なべ》に水と煮干しを入れて火にかける。
3 沸騰《ふっとう》したら中火にし、アクをとりながら約 10 分煮《に》たてる。
4 ざるか布巾《ふきん》などでこす。

＊煮干しをから煎《い》りしてから煮だすと、香《こう》ばしくなる。
＊煮干しを一晩《ひとばん》水につけてから火にかけると、上等なだしがとれる。

干ししいたけのだし

干《ほ》ししいたけをもどしたときの水をだし汁《じる》として使う。

干ししいたけをもどすのは、急ぐ場合は、ぬるま湯につけたり、砂糖《さとう》を少量加えたりしてもどす方法もあるが、あくまでも緊急用《きんきゅうよう》。一晩じっくりもどしたものの方がおいしい。

すまし汁

だし汁《じる》に塩、しょう油、酒などで味を調《ととの》えたもの。味をみながら、調味料を加えていき、好みの味つけにする。汁物《しるもの》に仕立てるほか、料理を作るのに利用する場合もある。

▶ うずめめし （17 ページ）

これに野菜を入れて煮《に》る。最後に味をみて塩加減《しおかげん》を調節するとよい。

▶ 宇和島《うわじま》の鯛《たい》めし （27 ページ）

これに卵《たまご》を溶《と》き入《い》れたものが刺《さ》し身《み》とごはんの味つけになるので、少し濃《こ》いめの味つけにしておく。

さくいん

＊数字は、語句《ごく》のあるページ数をしめしています。

な

は

ま

や

ら

わ

◆本書で取材にご協力いただいた方々

早坂美知子（山形県戸沢村）／大山きよ子（山形県戸沢村）／磐隈ヨシ子（高知県四万十市）／岡村スミ子（高知県四万十市）／金子栄輔（山形県米沢市）／金子典子（山形県米沢市）／杉原敏子（福島県会津若松市）／小沼利子（福島県会津若松市）／角田ムツ（福島県会津若松市）／深谷シノブ（福島県会津若松市）／奥野和子（群馬県前橋市）／前原照子（群馬県前橋市）／真下恵子（群馬県前橋市）／横山智子（群馬県前橋市）／斎藤ソノ（島根県益田市）／上田妙子（島根県益田市）／廣島昭郎（三重県伊賀市）／廣島貴子（三重県伊賀市）／島仲春次（沖縄県宜野湾市）／島仲智子（沖縄県宜野湾市）／島仲由美子（沖縄県宜野湾市）／中西麻子（岡山県備前市）／信森雅子（広島県福山市）／岡田幾香（広島県福山市）／川原英子（広島県福山市）／村上笑子（広島県福山市）／坂本信子（愛媛県松山市）／宇和島生活研究協議会吉田支部法華津屋グループ／渡辺洋子（静岡県静岡市）／佐野悦子（静岡県静岡市）／平田とし（宮城県気仙沼市）／谷口正臣（滋賀県長浜市）／谷口佐代子（滋賀県長浜市）／内田久子（東京都江東区）／湯川正雄（京都府長岡京市）／湯川博子（京都府長岡京市）／藤井予旨子（京都府長岡京市）／麻田文代（京都府長岡京市）／山本須美江（京都府長岡京市）／芋生たけ代（熊本県山鹿市）／小野寺美佐子（山形県鶴岡市）／平塚聖子（高知県四万十市）／和田鈴美（高知県四万十市）／武内和子（高知県四万十市）／清野せつ（青森県弘前市）／澤田れい子（長野県飯山市）／澤田恵子（長野県飯山市）／葛綿キクイ（新潟県長岡市栃尾）／黒沢隆治（埼玉県小鹿野町）／黒沢政子（埼玉県小鹿野町）／葉山一郎（神奈川県藤沢市 掘川網）／宮澤良子（長野県中条村 村の駅つくし）／竹田愛子（和歌山県新宮市）／日浦和徳（奈良県下市町）／日浦恭子（奈良県下市町）

角川里の自然環境学校 食の教室／うこぎの町米沢かき根の会／群馬県中部農業事務所普及指導課／萩の会（島根県益田市）／三重県伊賀地域農業改良普及センター／沖縄県婦人連合会／日生町漁業協同組合／小浜魚市場／福山市保健所健康推進課／愛媛県庁農林水産部農産園芸課／宇和島市吉田支所／由比町桜海老商工業協同組合／気仙沼市産業部観光課／長浜観光協会／朽木屋／長岡京市役所農政課／熊本県農林水産部林業振興課／熊本県鹿北地域振興局農林部林務課／山鹿市鹿北総合支所／鶴岡市役所／飯山市観光協会／埼玉県秩父農林振興センター／信州・長野県観光協会／中条村役場／やきもち屋（長野県中条村）

◆監修
小泉武夫（こいずみ　たけお）　**東京農業大学名誉教授**
農学博士。専攻は醸造学・発酵学・食文化論。1943年、福島県の醸造家に生まれる。現在、鹿児島大学客員教授、琉球大学客員教授、広島大学医学部大学院客員教授。
全国地産地消推進協議会会長（農水省）、食料自給率向上協議会会長（農水省大臣官房）、「立ち上る農山漁村」有識者会議委員（内閣官房庁）、地域食品ブランド調査専門検討委員会委員（農水省）、日本東京スローフード協会最高顧問などを兼任。
著書に『発酵』（中央公論社・中公新書）、『食の世界遺産』（講談社）、『食あれば楽あり』（日本経済新聞社）、『課外授業ようこそ先輩－微生物が地球を救う』（NHK・KTC中央出版）、『食と日本人の知恵』（岩波現代文庫）、『いのちをはぐくむ農と食』（岩波ジュニア新書）など単著106冊。

◆著者
後藤真樹（ごとう　まさき）　**写真家**
1958年、出版業に携わる家に生まれる。装丁家・デザイナーの後藤市三の長男。食へのこだわりが強い家庭環境で育つ。成城学園高等学校、国際商科大学卒業。坂本万七写真研究所に入所し、古美術、仏教美術を学ぶ。その後、清水公夫氏（スタジオピンホール）を師事。1988年独立。企業、官公庁関連、音楽関係のカタログ・ポスター・PR誌・CDジャケットなどの撮影。独立後に東京写真専門学校研究科に入学。
手がけた出版物に、『図説日本の仏教』（全六巻　新潮社刊）の新規撮影、『日曜関東古寺めぐり』（久野健　共著　新潮社）などの仏教関係の本、また、食関係では『今日の料理はタイ料理』（NHK出版）の企画・撮影、『オヒョイと夏目の腹八分目』（アクセス・パブリッシング）の撮影、『食育野菜を育てる』（全八巻　小峰書店）の執筆・撮影などがある。現在、後藤真樹写真事務所のかたわら、座右宝刊行会の代表。http://gotophoto.zauho.com/

企画　後藤真樹
　　　渡部のり子（小峰書店）
　　　伊藤素樹（小峰書店）

装丁　橋本靖嗣

編集　座右宝刊行会
　　　山本文子
　　　山口英理子　横田文子
　　　渡部のり子（小峰書店）

レイアウト・DTP制作
　　　新水浩德（双文社印刷）

未来へ伝えたい日本の伝統料理 ―― 春の料理

2010年4月6日　第1刷発行
2021年2月20日　第5刷発行

著　者　後藤真樹
発行者　小峰広一郎
発行所　株式会社小峰書店
〒162-0066　東京都新宿区市谷台町4-15
電話　03-3357-3521　FAX　03-3357-1027
https://www.komineshoten.co.jp/
印　刷　株式会社三秀舎
製　本　株式会社松岳社

ISBN978-4-338-25601-8
NDC596　63p　31×23cm